JN204744

箸袋《はしぶくろ》でジャパニーズ・チップ!

テーブルのうえで見つけたいろんな形

辰巳雄基

リトルモア

まえがき

ジャパニーズ・チップってなに？

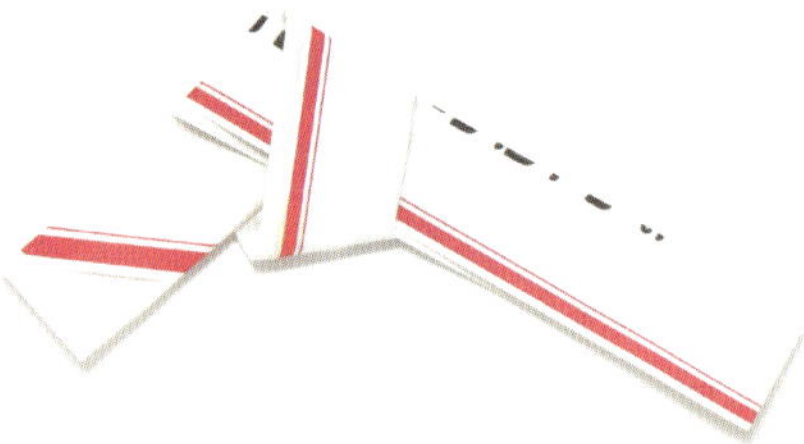

この物体はなんなのか。

集めるようになったきっかけは、学生時代の飲食店でのアルバイト。貧乏学生でいつもお腹をすかしていた私は、お客さんが帰った後、食べ残しや食べ散らかされた机を見てはため息が出て、片付けが億劫でなりませんでした。

そんなある日、お客さんがテーブルに残していった箸袋の造作物を発見。「面白い形だなぁ」と、思わずポケットにしのばせていました。それ以来、意識してみると、たくさんの人がいろいろな形をつくって帰っていくのでした。

私はこれを日本人らしいクセだと考え、その物体に「JAPANESE TIP（ジャパニーズ・チップ）」という名前をつけました。お客さんからの「ありがとうのしるし」だと受け取るようにしたのです。

すると、今までゴミだったものが、お客さんからのチップに変わり、それだけで机の片付けが何倍も楽しくなりました。「もっといろいろな形を見てみたい」「この気持ちをたくさんの人と共有してみたい」そんな思いが沸き立ち、活動をスタートすることにしたのです。

この本に収録したジャパニーズ・チップは、二〇一六年四月から二〇一七年八月まで約一年半かけて集めたものです。北海道から沖縄まで、全国四十七都道府県を軽自動車で巡り、飲食店の皆様にご協力をいただきました。

想像をはるかに超えたさまざまな形が一万三千点以上集まり、一人で見ているのはもったいなくなったので、その中からほんの一部をご紹介します。

Photo: Rina Toi

目次

【箸袋　はしぶくろ】

箸を包む紙袋。箸袋の始まりは定かではないとされているが、布などで包むことを始めたのは平安時代の女官たちらしい。紙で包むようになったのは室町時代の料理屋という説がある。「使用前の清潔な箸だということを示すため」口に入れる神聖な箸を包む「もてなしや、礼法として」「テーブルに直に置くことができ、箸置きの代わりにもなるものとして」「店名住所等を書き、広告の役割を果たしてくれるものとして」など様々な理由で多くの飲食店に広まったのではないかと言われている。最近では、エコや経費削減などさまざまな要因から、箸袋を使用する飲食店がどんどん減ってきている。

【いただきます／ごちそうさま】

日本で、食事を始めるときと終えるときの挨拶の言葉。

「いただきます」には、野菜、魚、肉はもちろん調味料の原料に至るまで、すべての食材は命をいただいているので、めぐみを与えてくれた自然への感謝の意が込められている。

一方「ごちそうさま」は、食事に関わったすべての人に対するお礼。田んぼや畑でお米や野菜を育ててくれた人、海や川で魚をとってくれた人、加工してくれた人、運んでくれた人、売ってくれた人、お店に買いに行ってくれた人、料理を作ってくれた人……。どれだけ多くの人が関わっていることか。ごちそうさまという言葉には、そのすべての人に対する感謝の気持ちが込められている。

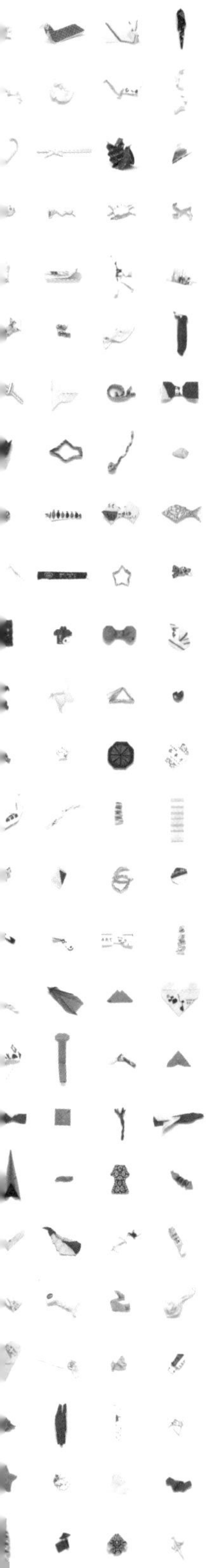

【チップ】

レストランやホテルなどのサービスに対して、感謝の気持ちをお金にして渡すという文化。日本人には馴染みが薄いが、海外、特に欧米では当たり前の風習。チップは任意であると同時に、心の表現であるとされている。また、多様な民族が共存する社会では、言葉の代わりになることもあったそう。

チップの起源にはいくつかの説があり、十八世紀のイギリス・ロンドンのパブで、早く飲み物を持ってきてもらうためにお金（コイン）を容器に入れたことが始まりとも言われている。チップの習慣のある国では、サービス業の最低賃金が安く設定されていて、チップが生活費となっていることも多い。しかし最近では、チップをサービス料や商品代金の一部として徴収するお店も増えてきている。

日本に広まらなかった理由として、「給料がある程度支払われ、チップで生計を立てる人が少なかったため」「お金を裸で渡すこと、コインを渡すことを嫌うため」などがあげられる。

日本では旅館などに泊まる際、サービスを受ける前に金銭を渡す「心づけ」という風習があるが、金額や渡し方の違いでもわかるように、チップとは異なるものである。

ジャパニーズ・チップ図鑑

全国から集まったジャパニーズ・チップから、特に多かった形や、気になった形を分類。見え方は人それぞれ。あなたはなにに見えますか？

箸置き
HASHIOKI
(chopstick rest)

箸の枕のようなもの。
箸先が机につかないように、安定するように工夫されている。

1. 京都府・中華料理屋「盛華亭」/ 2. 岐阜県・ハンバーグ屋「楽房 洋 HIRO」/ 3. 長崎県・レストラン「いとうレストラン」/ 4. 兵庫県・喫茶店「喫茶もんとる」店員さんが一枚一枚手描きしている / 5. 埼玉県・寿司屋「宝来鮨」/ 6. 兵庫県・カフェ「knut」/ 7. 秋田県・鳥料理屋「とぶ」/ 8. 島根県・中華料理屋「龍鳳」/ 9. 東京都・居酒屋「酒ト飯イイダ」/ 10. 岡山県・焼肉屋「千屋牛」

11.

12.

13.

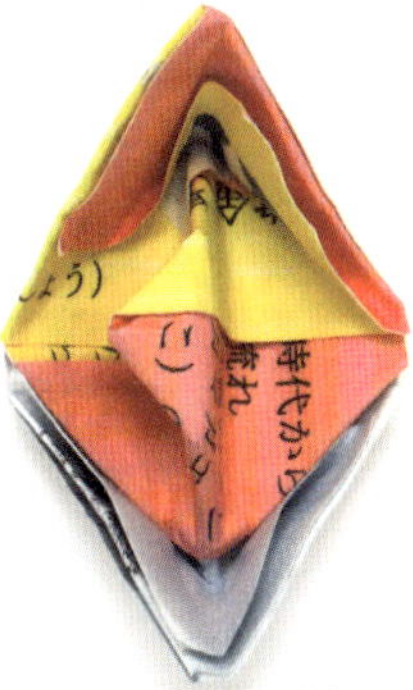

14.

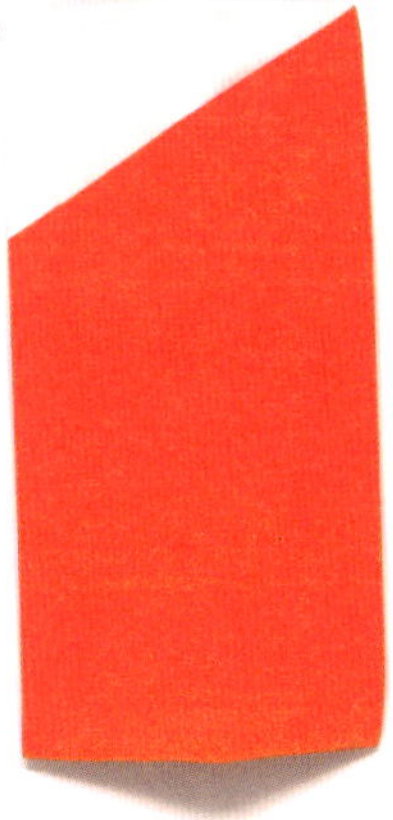

15.

16.

17.

18.

19.

20.

21.

11. 愛知県・バー「やん BAR」/ 12. 新潟県・そば屋「越後へぎそば処 粋や」/ 13. 新潟県・居酒屋「まんぜん」/ 14. 山梨県・カフェ「明治学校」/ 15. 高知県・居酒屋「がしら亭」/ 16. 徳島県・食堂「totto79」/ 17. 長野県・食堂「来夢来人」/ 18. 三重県・居酒屋「まっさん」/ 19. 佐賀県・ラーメン屋「麺屋 Yokohama」/ 20. 三重県・カフェ「こはなカフェ」/ 21. 福井県・食堂「お食事処しもむら」

結び

MUSUBI (bow)

着物の帯や神社のおみくじなど、日本ではよく見かける形。

1.

2.

3.

4.

5.

6.

7.

8.

9.

10.

11.

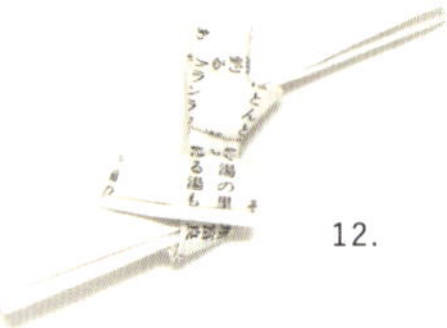

12.

13.

14.

15.

16.

17.

18.

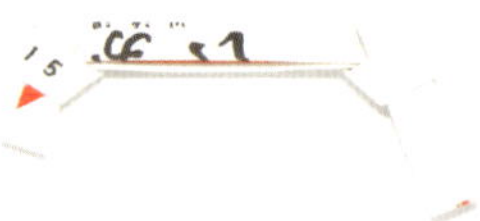

19.

20.

1.鹿児島県・居酒屋「座・寿鈴」／2.長崎県・レストラン「いとうレストラン」／3.東京都・ラーメン屋「紋郎」／4.三重県・カフェ「こはなカフェ」／5.三重県・喫茶店「グリーン＆グリーン」／6.福井県・食堂「お食事処しもむら」／7.愛知県・バー「やんBAR」／8.鹿児島県・食堂「霧島峠茶屋」／9.山梨県・お好み焼き屋「ぱんじゃ」／10.東京都・居酒屋「酒ト飯イイダ」／11.埼玉県・焼肉屋「たてがみ」／12.山梨県・食堂「村松物産店」／13.奈良県・食堂「おてんがら」／14.山梨県・カフェ「明治学校」／15.島根県・スナック「四季」／16.沖縄県・食堂「ゆの家」／17.愛媛県・寿司屋「次男坊寿司」／18.島根県・中華料理屋「龍鳳」／19.栃木県・ラーメン屋「いかり」／20.埼玉県・焼肉屋「たてがみ」／21.石川県・豆腐料理屋「源右ェ門」／22.岐阜県・ハンバーグ屋「楽房 洋HIRO」／23.秋田県・鳥料理屋「とぶ」／24.島根県・中華料理屋「龍鳳」／25.福井県・食堂「お食事処しもむら」／26.山形県・居酒屋「大山」／27.岡山県・カフェ「このゆびとまれ」／28.群馬県・喫茶店「パーラーレストランモモヤ」／29.京都府・中華料理屋「盛華亭」／30.31.秋田県・カフェ「ガーデンカフェ＆デリカkimoto」／32.広島県・食堂「ドライブイン灘」／33.岐阜県・薬膳料理屋「然の膳」／34.鹿児島県・居酒屋「座・寿鈴」／35.埼玉県・寿司屋「宝来鮨」／36.山口県・カフェバー「coen.」／37.神奈川県・多国籍料理屋「クーカイ」／38.福井県・食堂「お食事処しもむら」

21.

22.

23.

24.

25.

26.

27.

28.

29.

30.

31.

32.

33.

34.

35.

36.

37.

38.

折り

ORI (fold)

紙を見るとついつい折りたくなるのは、日本人特有の反応なのだろうか。

1.

2.

3.

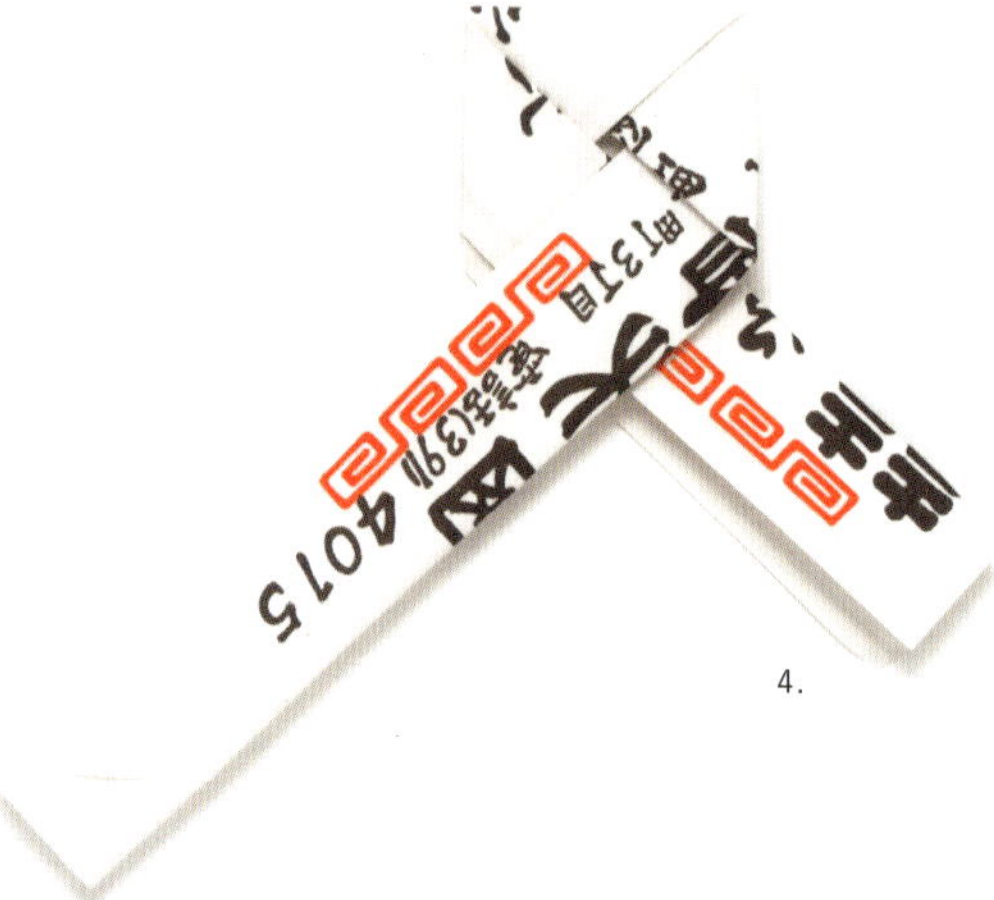

4.

5.

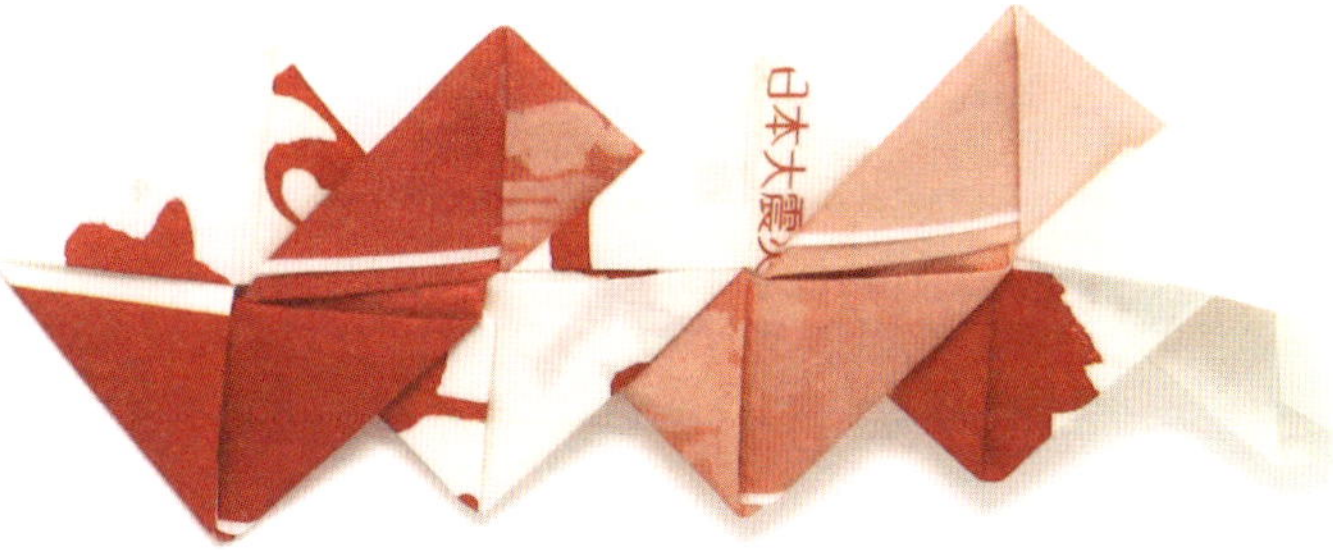

6.

10.

9.

8.

7.

1. 鹿児島県・食堂「霧島峠茶屋」/ 2. 大分県・定食屋「とら吉」/ 3. 島根県・スナック「四季」/ 4. 兵庫県・中華料理屋「香美園」/ 5. 岐阜県・食堂「大福屋」/ 6. 東京都・ラーメン屋「紋郎」/ 7. 新潟県・居酒屋「まんぜん」/ 8. 栃木県・ラーメン屋「いかり」/ 9. 長崎県・レストラン「いとうレストラン」/ 10. 高知県・居酒屋「がしら亭」

空のなかま

BIRD

多種多様な鳥が一堂に集結。あれはなんていう鳥だろう。どこからきた鳥だろう。

1. 岡山県・カフェ「このゆびとまれ」/ 2. 新潟県・そば屋「越後へぎそば処 粋や」/ 3. 三重県・カフェ「こはなカフェ」/ 4. 長野県・そば屋「岳家」/ 5. 長野県・そば屋「岳家」/ 6. 愛知県・食堂「まあるいおさら」/ 7. 三重県・居酒屋「まっさん」/ 8. 徳島県・食堂「totto79」/ 9. 岡山県・カフェ「このゆびとまれ」/ 10. 大阪府・うどん屋「御食事処きんぐ」/ 11. 山形県・とんかつ屋「おかめ食堂」/ 12. 岩手県・うどん屋「みししっぴ饂飩」/ 13. 佐賀県・あんこ屋「夜のあんこ屋よなよな」/ 14. 愛知県・食堂「まあるいおさら」

空のなかま

BIRD

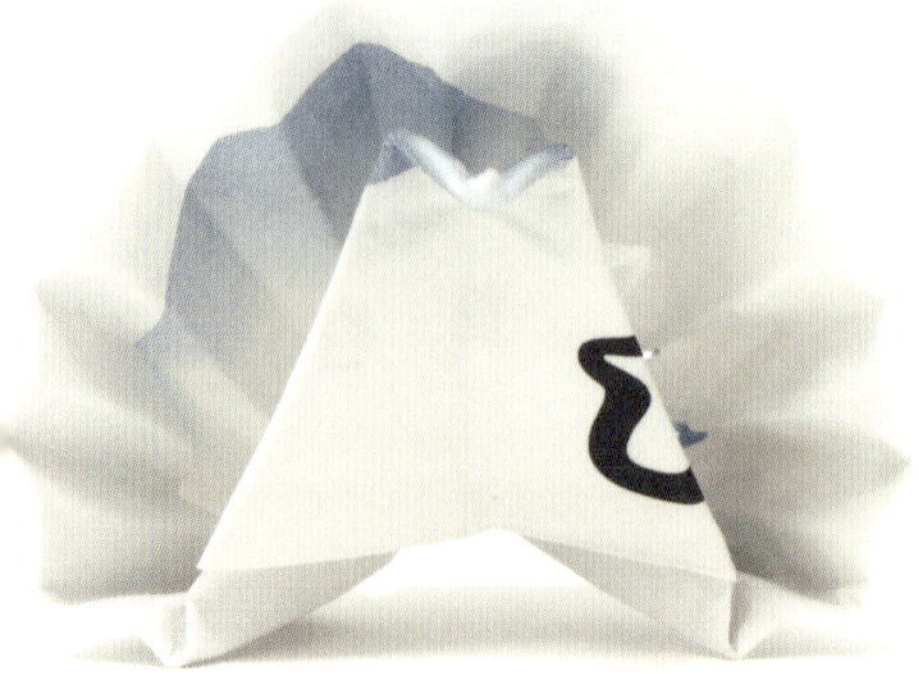

17.

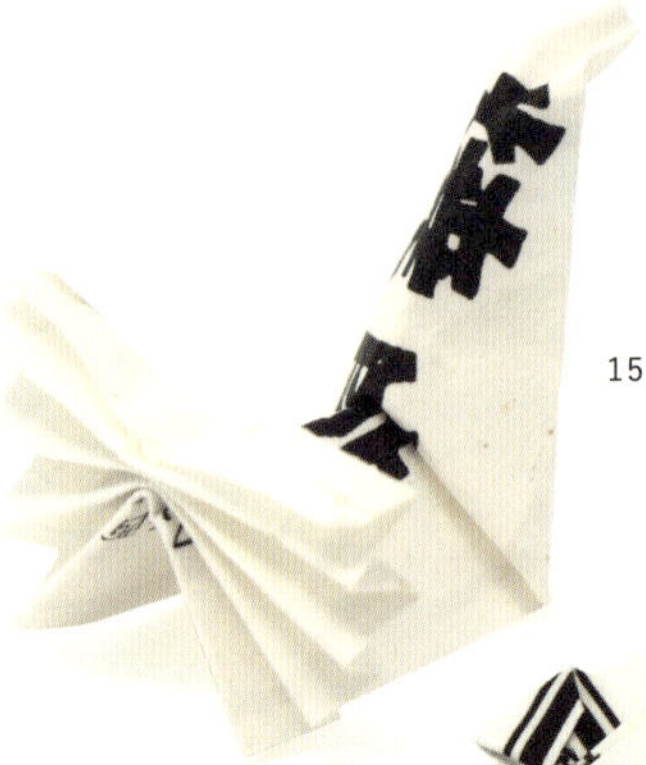

15.

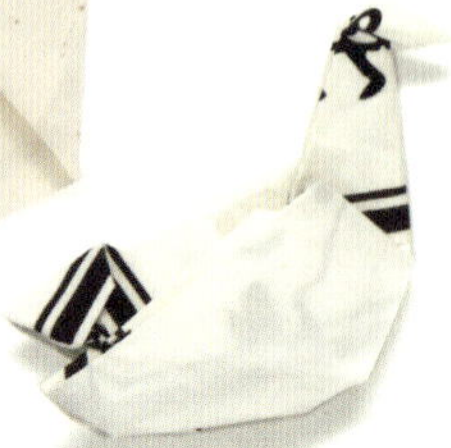

16.

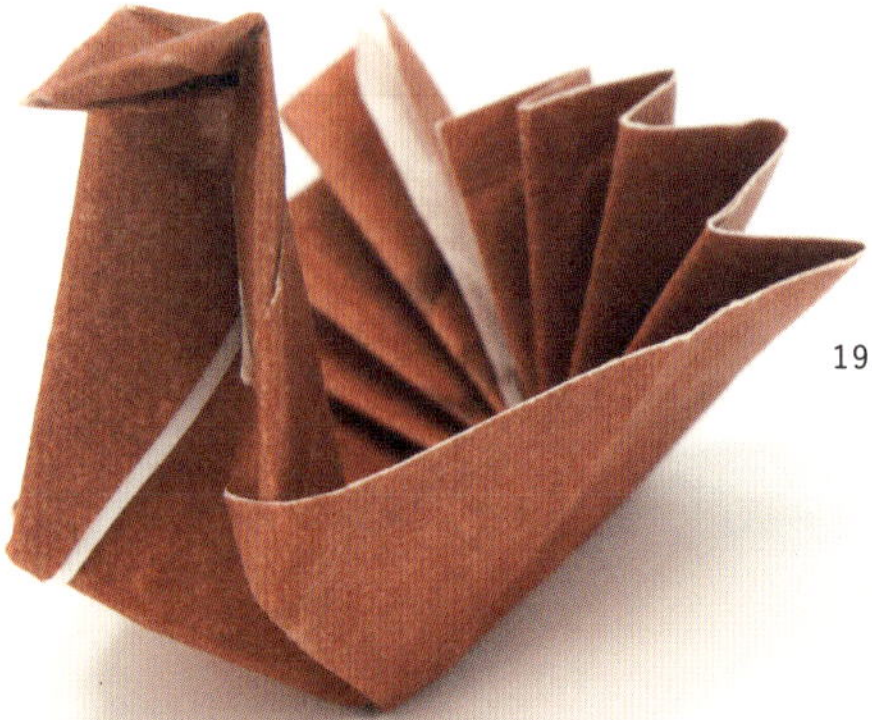

19.

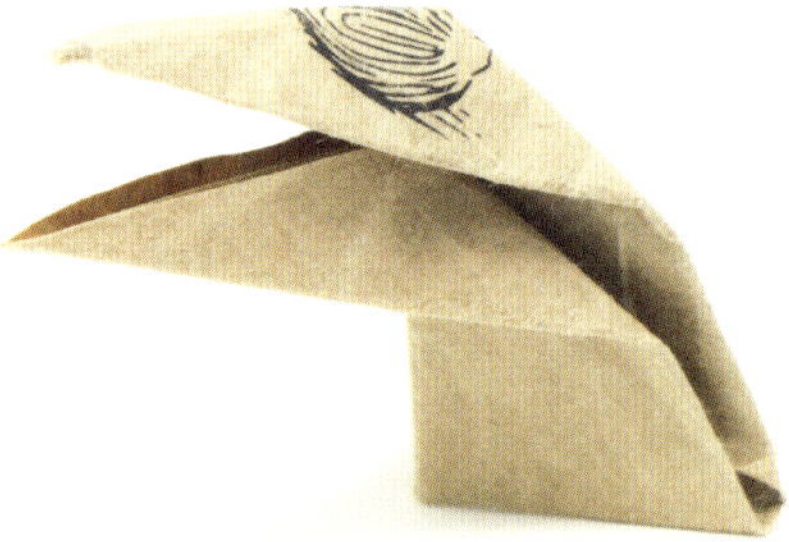

18.

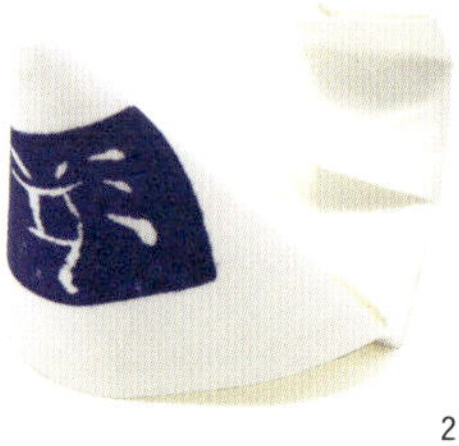

21.

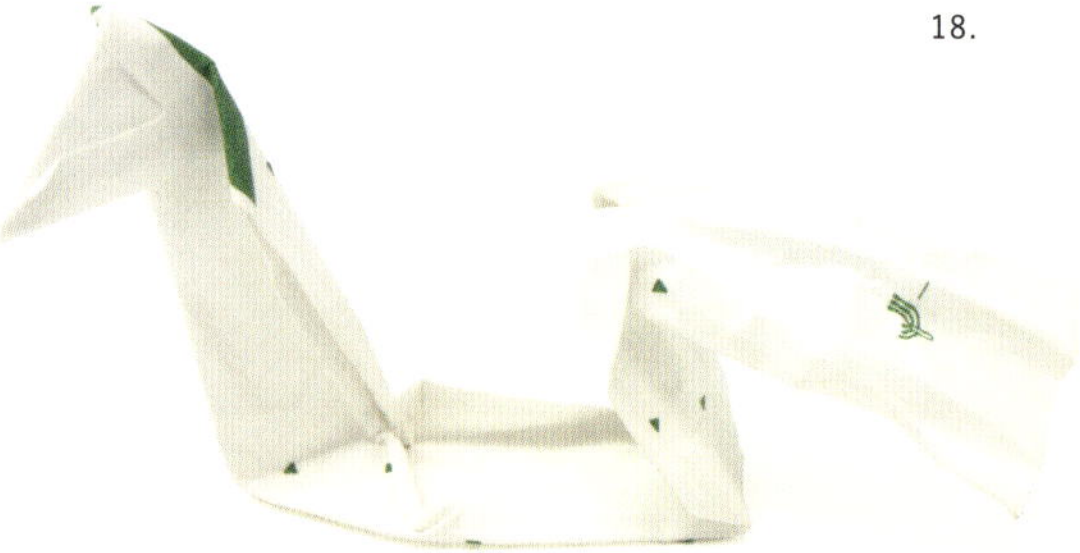

20.

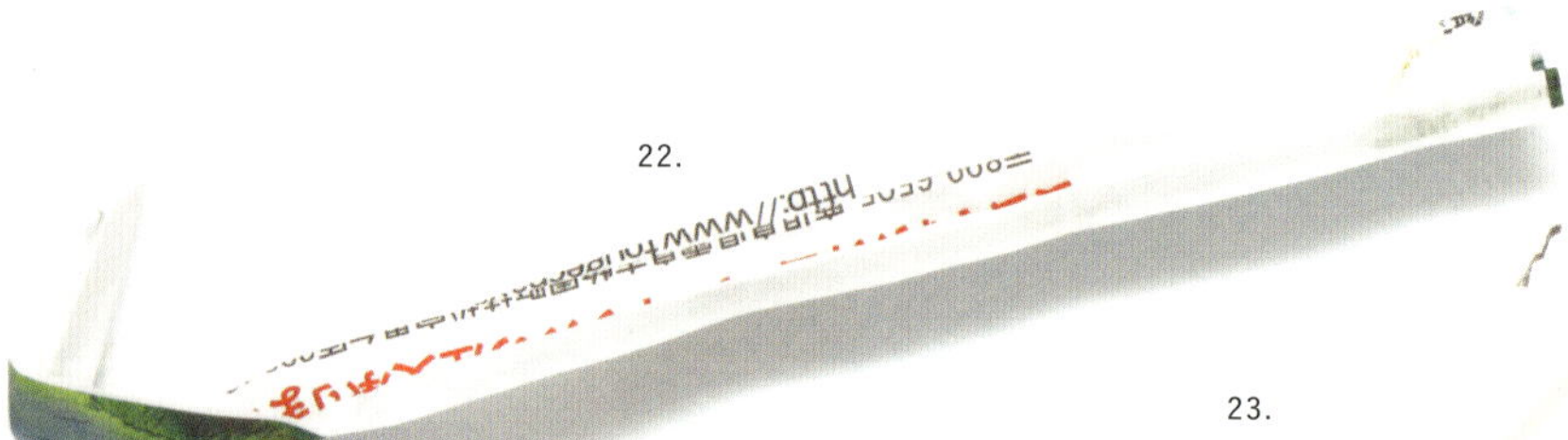

22.

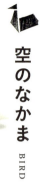

23.

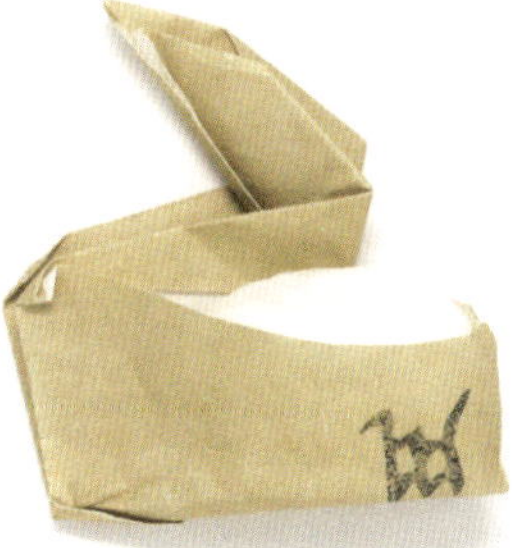

25.

24.

26.

28.

27.

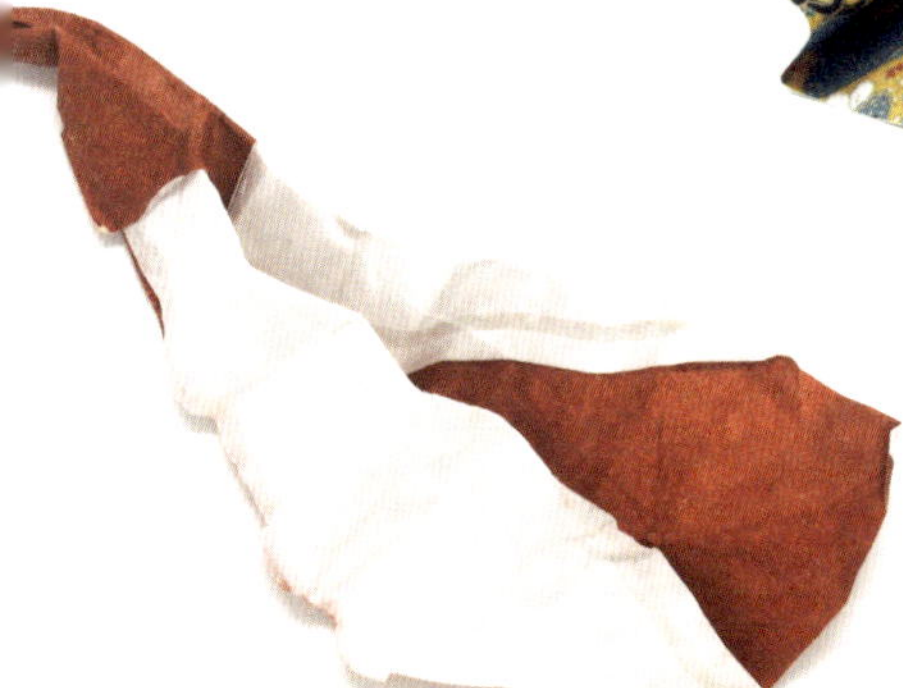

30.

29.

32.

31.

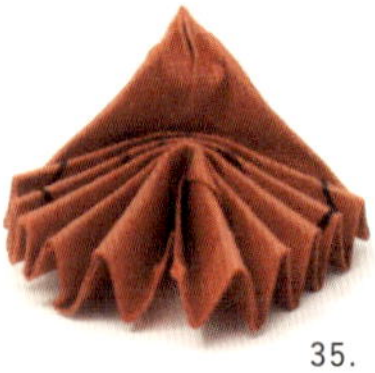
35.

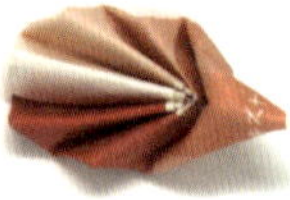
34.

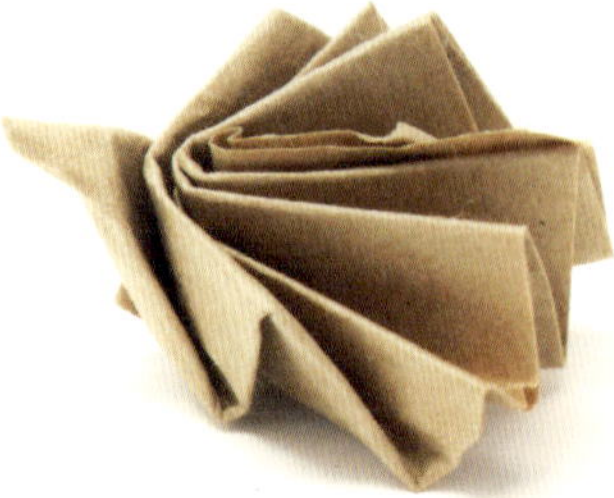
33.

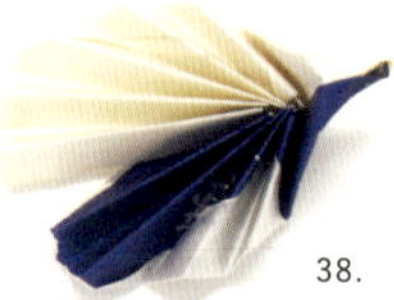
38.

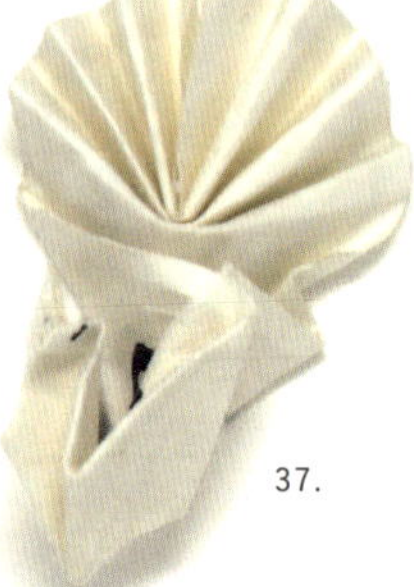
37.

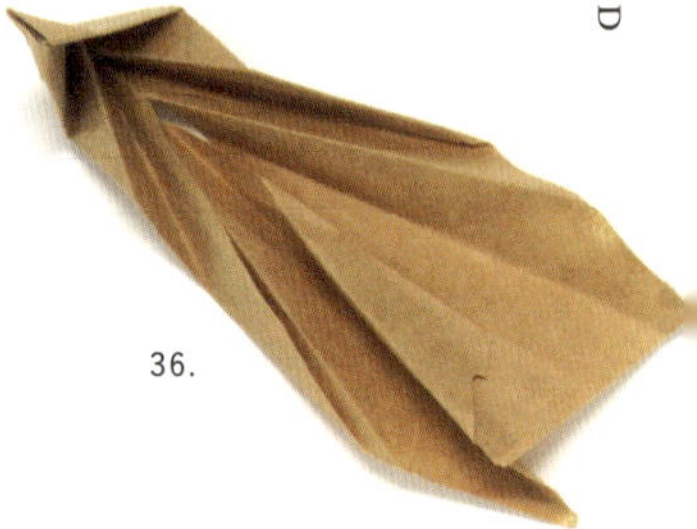
36.

39.

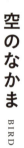

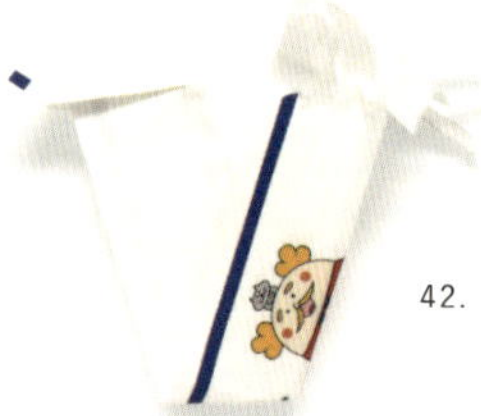
42.

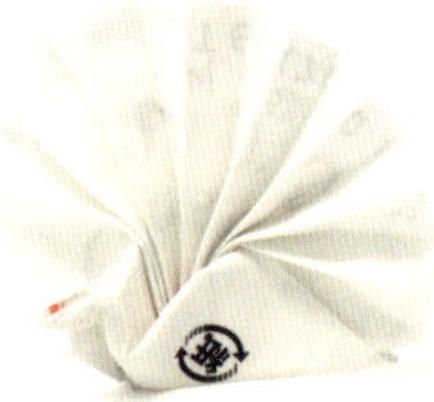
41.

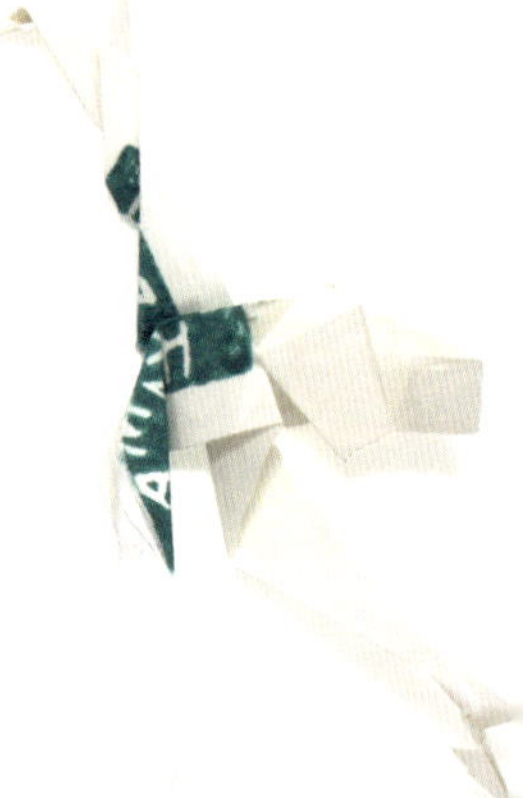
40.

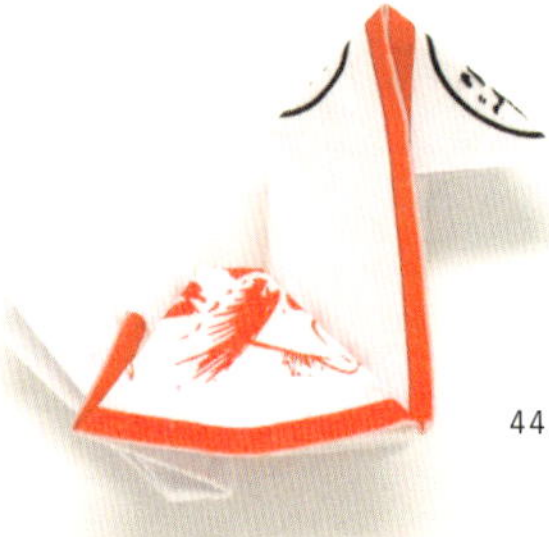
44.

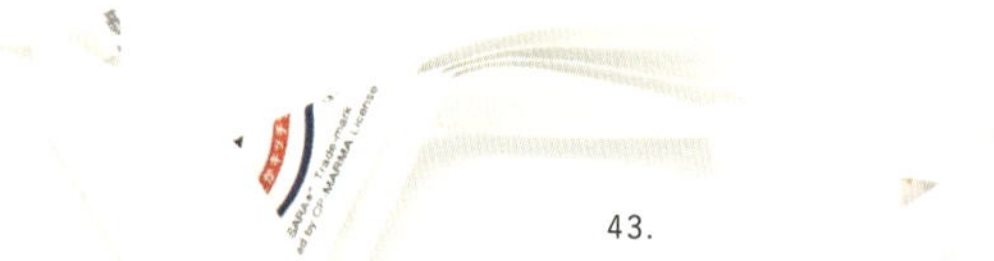
43.

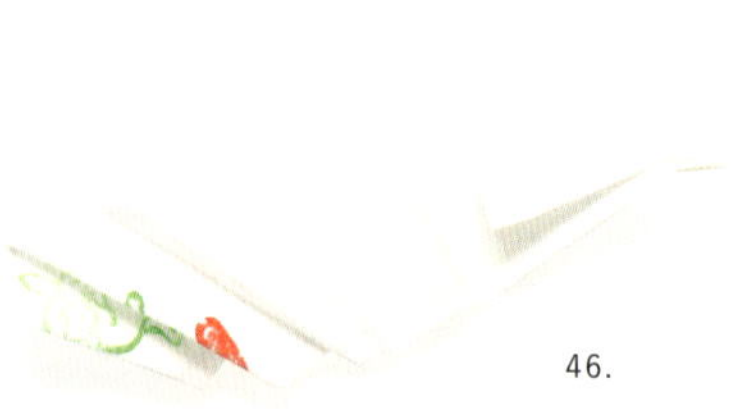
46.

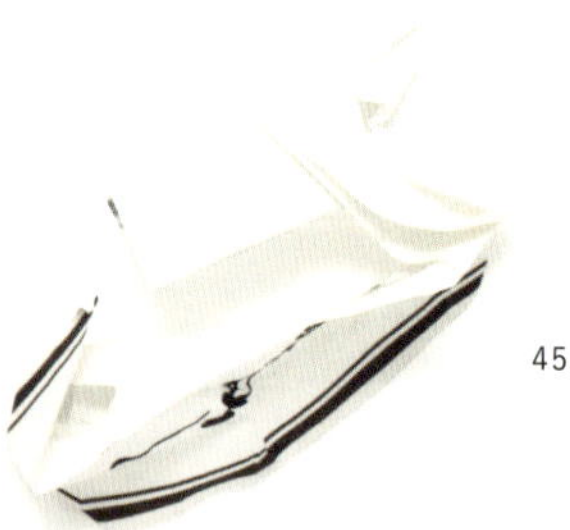
45.

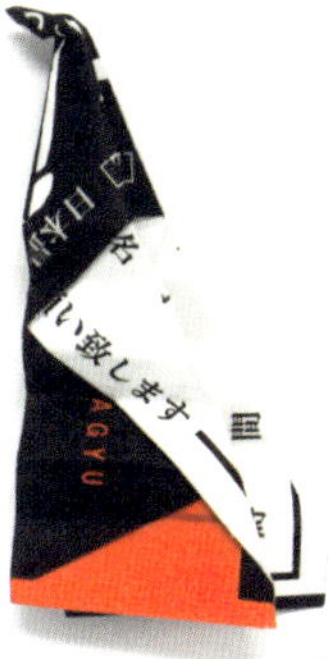

49.

48.

47.

50.

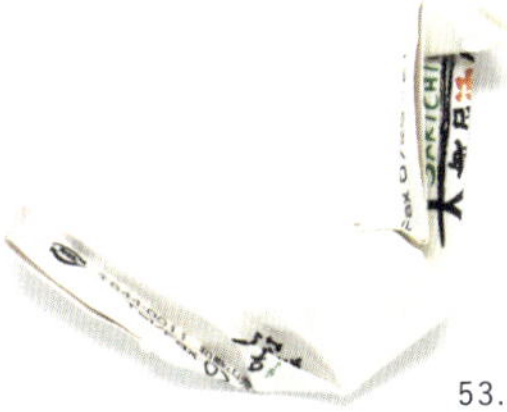

53.

52.

51.

56.

55.

54.

15. 北海道・焼肉屋「焼肉亭サム」/ 16. 石川県・居酒屋「ミッドナイトキッチン ZOO」/ 17. 福井県・食堂「お食事処しもむら」/ 18. 島根県・カフェ「蔵庭 I KURANIWA」/ 19. 岐阜県・ハンバーグ屋「楽房 洋 HIRO」/ 20. 愛媛県・定食屋「ゆう源」/ 21. 群馬県・寿司屋「浜昭」/ 22. 鹿児島県・食堂「霧島峠茶屋」/ 23. 北海道・洋食屋「小樽 Muse」/ 24. 栃木県・ラーメン屋「いかり」/ 25. 北海道・洋食屋「小樽 Muse」/ 26. 群馬県・喫茶店「パーラーレストランモモヤ」/ 27. 三重県・カフェ「こはなカフェ」/ 28. 新潟県・居酒屋「呑みランテきらり輝」/ 29. 愛知県・食堂「まあるいおさら」/ 30. 岐阜県・ハンバーグ屋「楽房 洋 HIRO」/ 31. 長野県・食堂「来夢来人」/ 32. 埼玉県・焼肉屋「たてがみ」/ 33. 愛知県・バー「やん BAR」/ 34. 東京都・ラーメン屋「紋郎」/ 35. 富山県・カフェ「One plate」/ 36. 岩手県・うどん屋「みししっぴ饂飩」/ 37. 東京都・焼鳥屋「鳥泉」/ 38. 島根県・スナック「四季」/ 39. 愛知県・食堂「まあるいおさら」/ 40. 群馬県・寿司屋「浜昭」/ 41. 栃木県・ラーメン屋「いかり」/ 42. 島根県・カフェ「Cafe&Rest FAVORI」/ 43. 愛知県・食堂「まあるいおさら」/ 44. 広島県・食堂「ドライブイン灘」/ 45. 石川県・居酒屋「ミッドナイトキッチン ZOO」/ 46. 京都府・カフェ「ろじうさぎ」/ 47. 岐阜県・ハンバーグ屋「楽房 洋 HIRO」/ 48. 茨城県・中華料理屋「萬福」/ 49. 岡山県・焼肉屋「千屋牛」/ 50. 栃木県・定食屋「喜楽食堂」/ 51. 岡山県・カフェ「このゆびとまれ」/ 52. 群馬県・喫茶店「パーラーレストランモモヤ」/ 53. 和歌山県・居酒屋「ご飯とお酒咲吉」/ 54. 茨城県・カフェ「ANTENNA」/ 55. 鹿児島県・食堂「霧島峠茶屋」/ 56. 沖縄県・食堂「ゆの家」

海のなかま

MARINE LIFE

海に囲まれた島国には磯から深海まで、いろんな仲間たちが集まってくる。

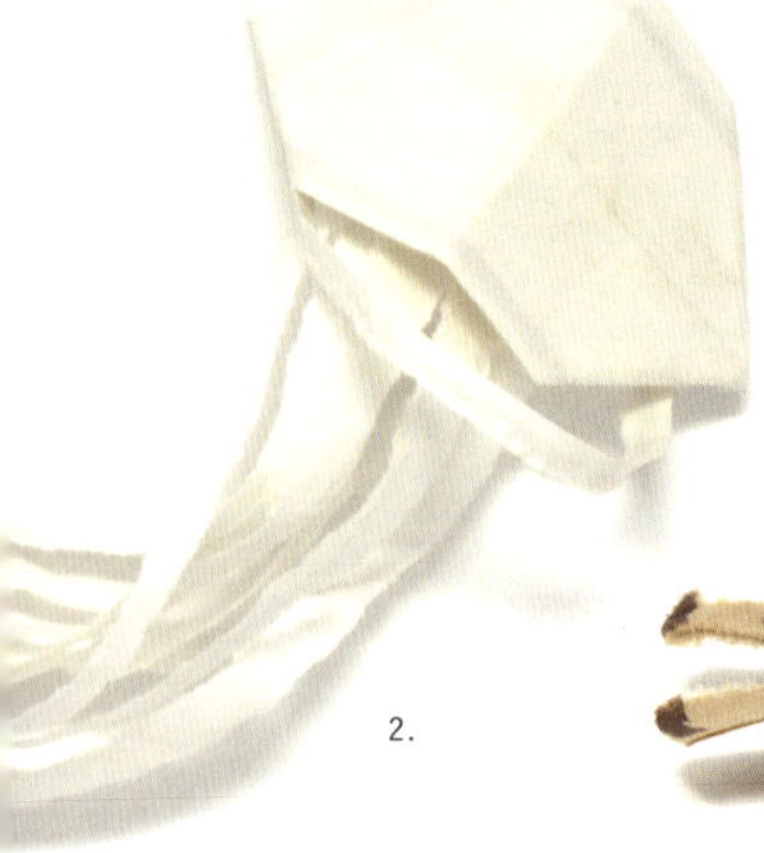

2.

1.

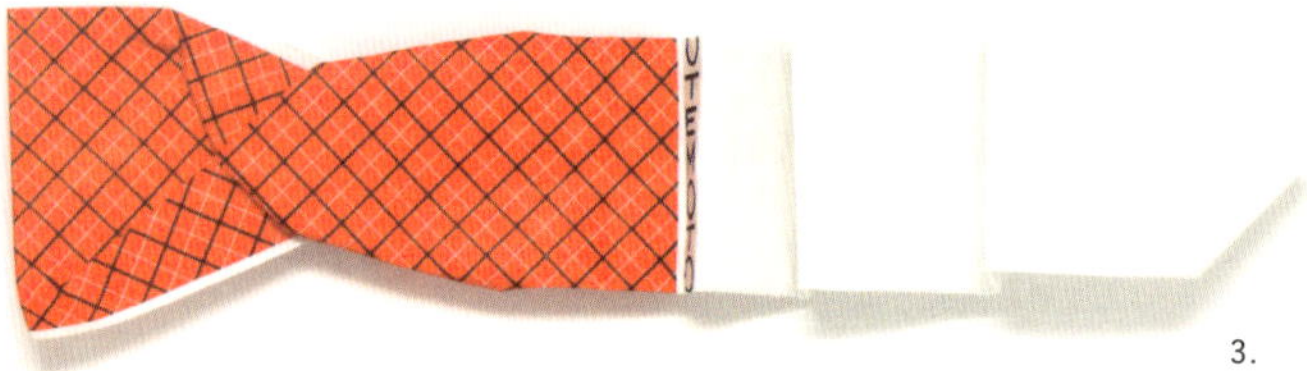

3.

5.

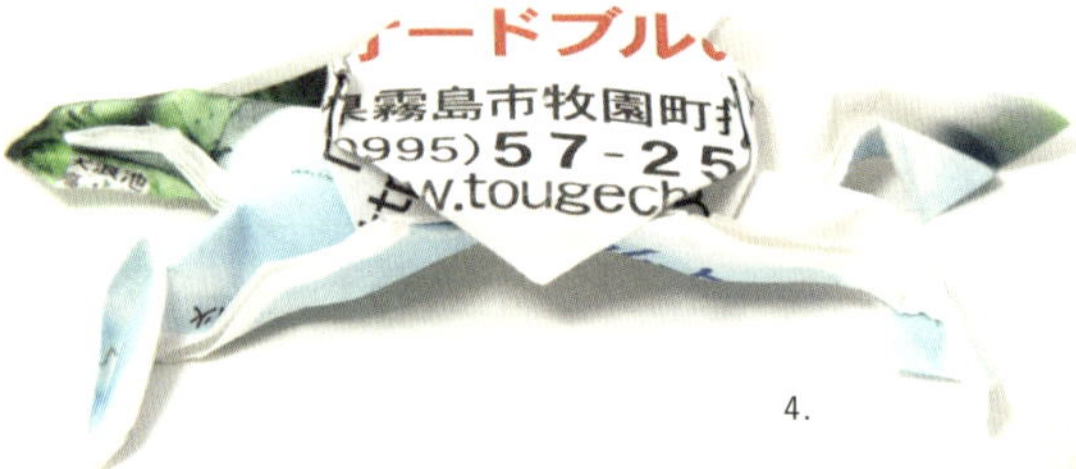

4.

7.

8.

6.

10.

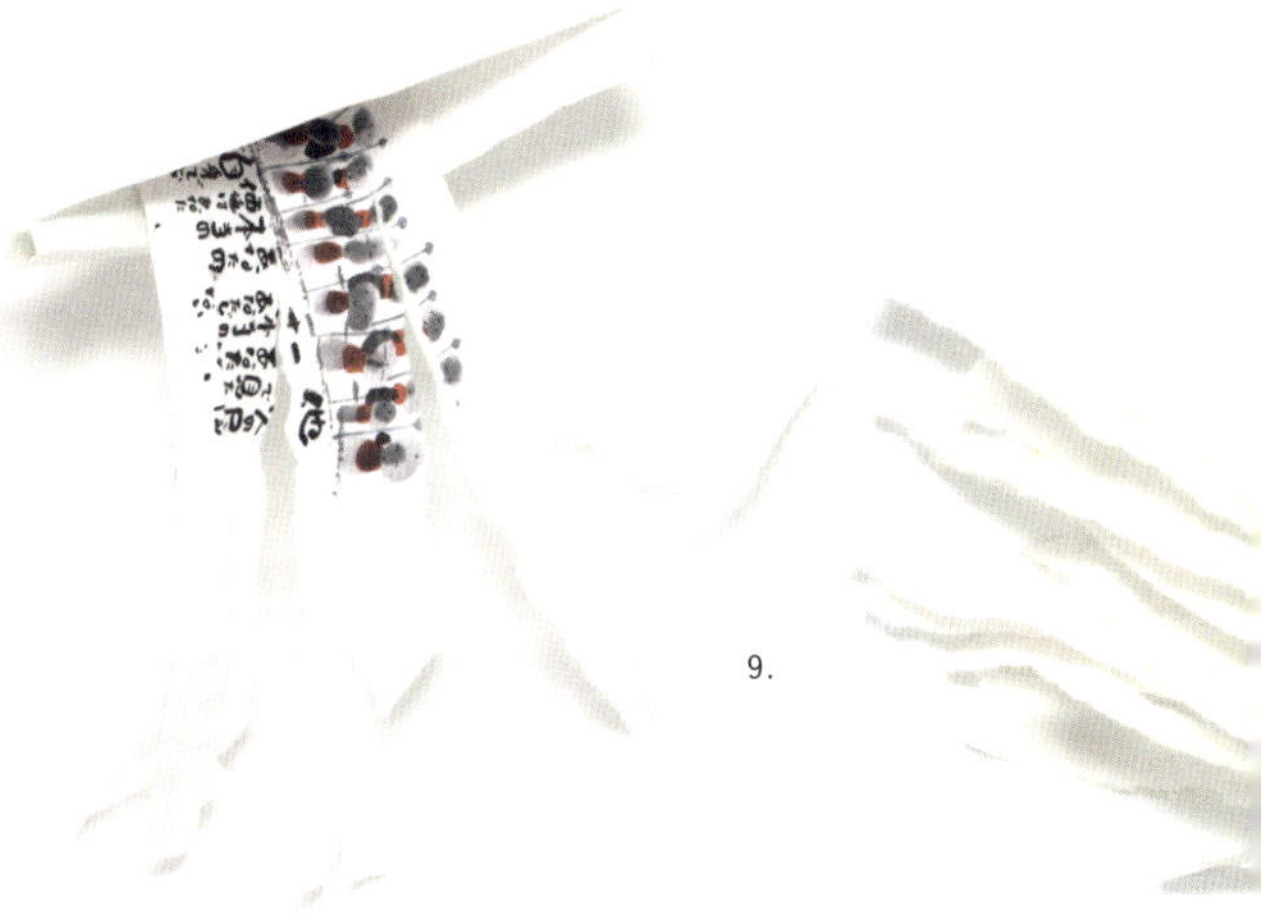

9.

12.

11.

14.

13.

1. 富山県・居酒屋「呑多喰」/ 2. 茨城県・中華料理屋「萬福」/ 3. 愛媛県・洋食屋「キッチンエム」/ 4. 鹿児島県・食堂「霧島峠茶屋」/ 5. 岐阜県・ハンバーグ屋「楽房 洋 HIRO」/ 6. 石川県・居酒屋「ミッドナイトキッチン ZOO」/ 7. 山形県・居酒屋「大山」/ 8. 奈良県・焼鳥屋「焼鳥望月」/ 9. 香川県・お好み焼き屋「高松くるみ本店」/ 10. 岐阜県・ハンバーグ屋「楽房洋 HIRO」/ 11. 長野県・そば屋「岳家」/ 12. 北海道・洋食屋「小樽 Muse」/ 13. 奈良県・居酒屋「和喰」/ 14. 徳島県・食堂「totto79」

15.

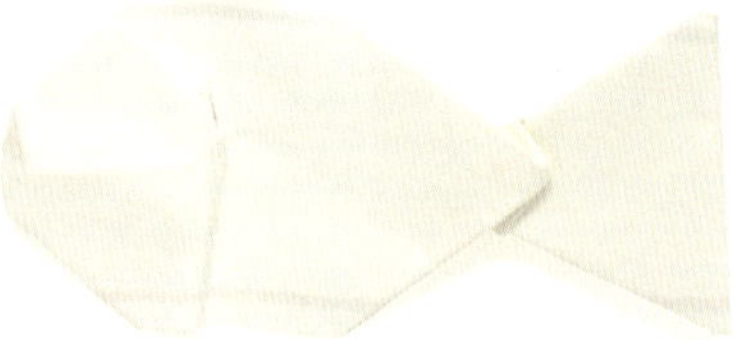
16.

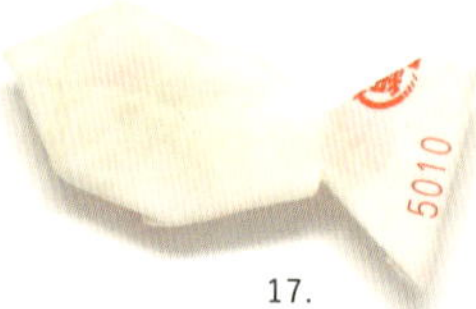

17.

18.

20.

21.

19.

22.

26.

23.

25.

24.

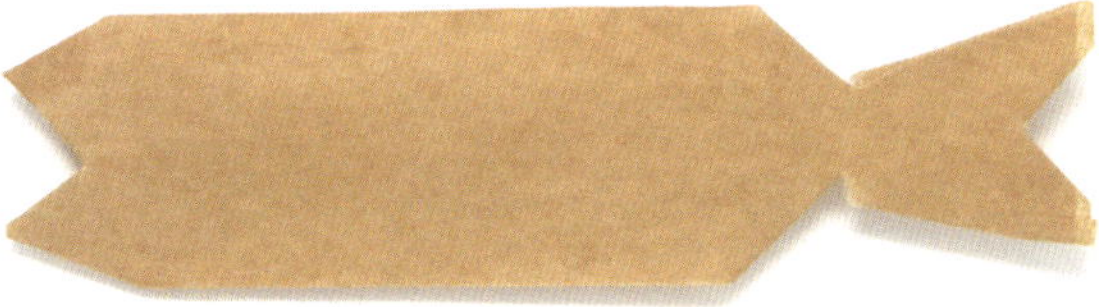

28.

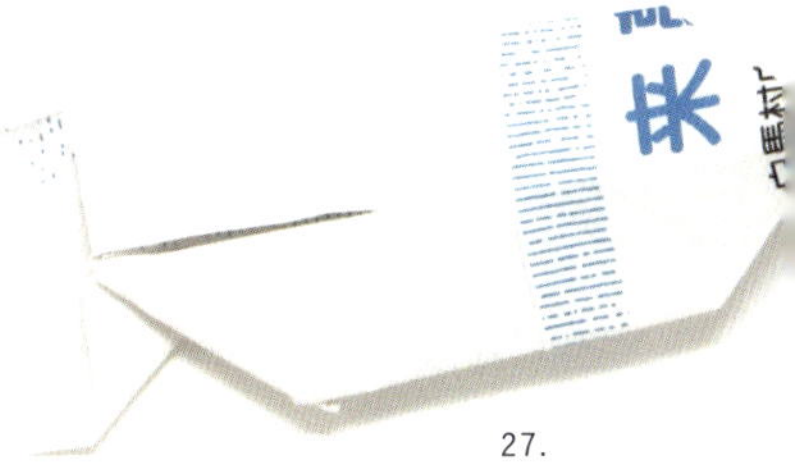

27.

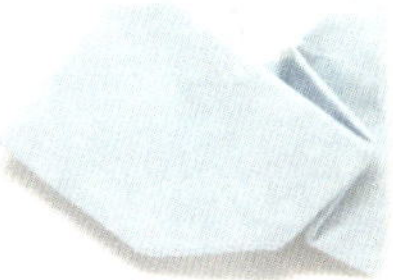

31.

30.

29.

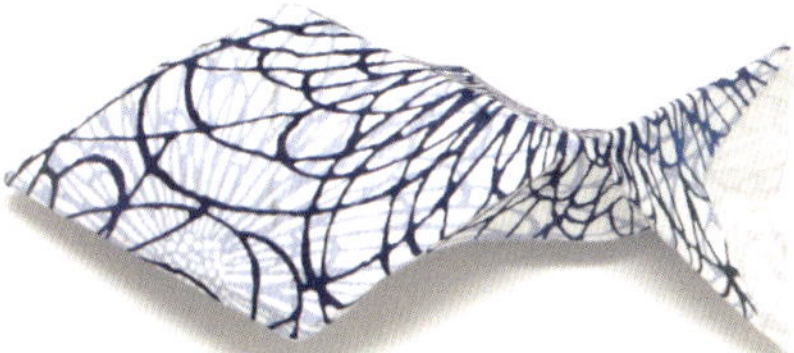

32.

33.

35.

34.

15. 愛知県・食堂「まあるいおさら」/ 16. 徳島県・食堂「totto79」/ 17. 山形県・居酒屋「大山」/ 18. 島根県・カフェ「Cafe&Rest FAVORI」/ 19. 山形県・居酒屋「大山」/ 20. 奈良県・焼鳥屋「焼鳥望月」/ 21. 島根県・カフェ「Room+」/ 22. 岡山県・カフェ「このゆびとまれ」/ 23. 愛媛県・洋食屋「キッチンエム」/ 24. 和歌山県・ハンバーグ屋「海岸通り」/ 25. 北海道・洋食屋「小樽 Muse」/ 26. 島根県・カフェ「Cafe&Rest FAVORI」/ 27. 長野県・食堂「来夢来人」/ 28. 和歌山県・カフェ「THIRD CAFE」/ 29. 山口県・カフェバー「coen.」/ 30. 長野県・食堂「来夢来人」/ 31. 長崎県・カフェ「HOOMEE」/ 32. 北海道・洋食屋「小樽 Muse」/ 33. 三重県・カフェ「こはなカフェ」/ 34. 青森県・居酒屋「蔵八」/ 35. 長崎県・カフェ「HOOMEE」

海のなかま

MARINE LIFE

38.

37.

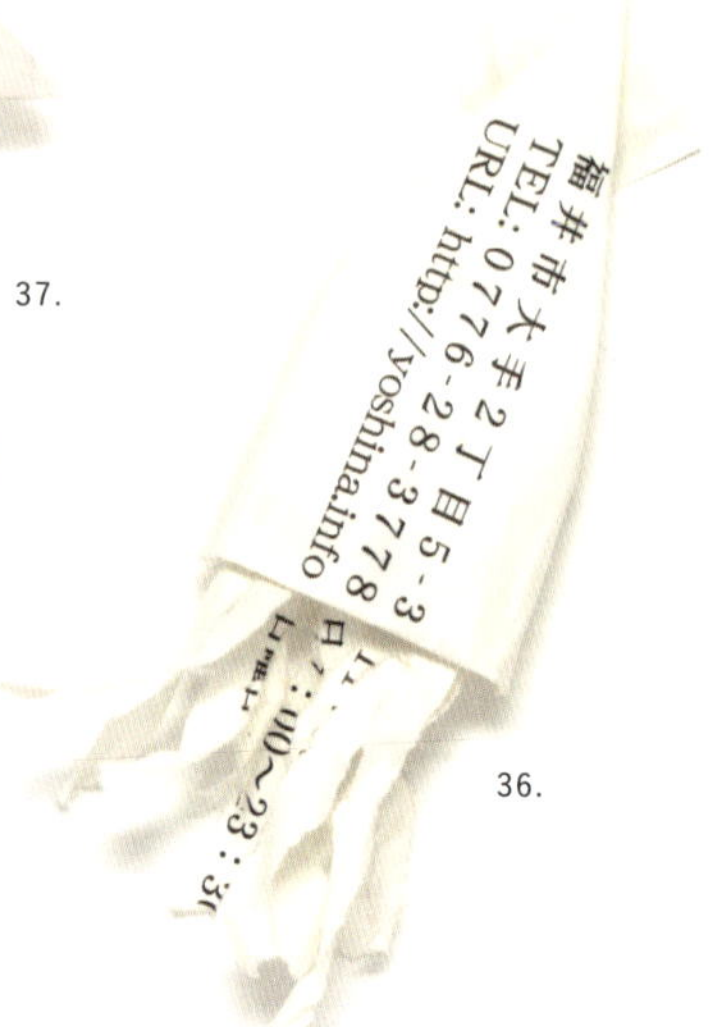

36.

40.

39.

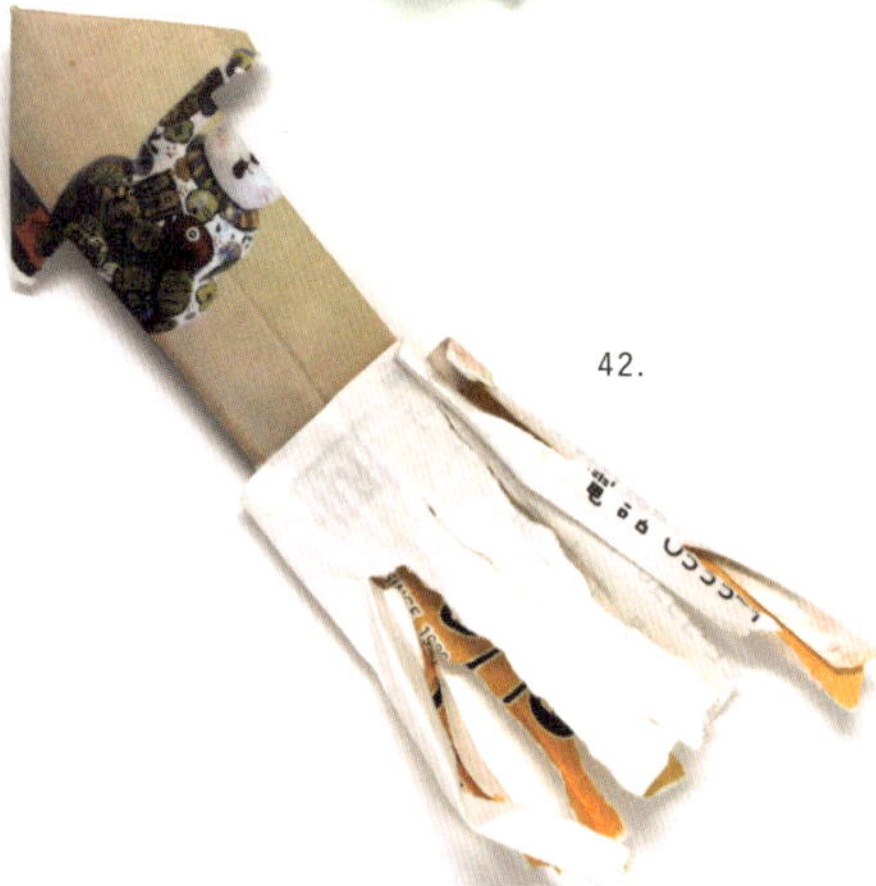

42.

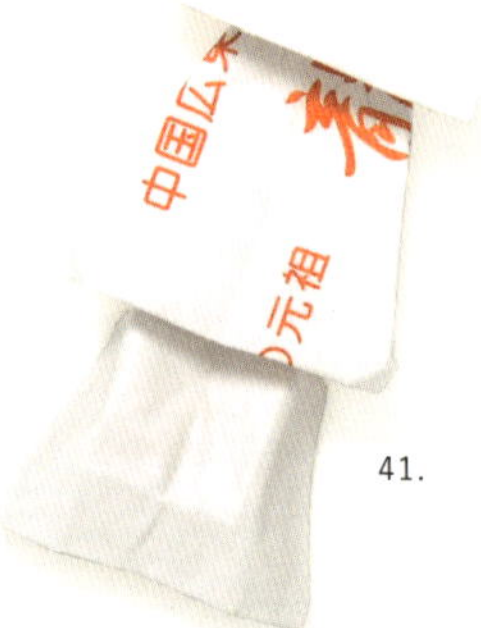

41.

47.

44.

43.

46.

45.

36. 福井県・お好み焼き屋「よしな」/ 37. 京都府・カフェ「ろじうさぎ」/ 38. 和歌山県・喫茶店「かえりみちのブルー珈琲」/ 39. 鹿児島県・居酒屋「座・寿鈴」/ 40. 山梨県・カフェ「明治学校」/ 41. 島根県・中華料理屋「龍鳳」/ 42. 山梨県・お好み焼き屋「ぱんじゃ」/ 43. 和歌山県・喫茶店「かえりみちのブルー珈琲」/ 44. 岐阜県・ハンバーグ屋「楽房 洋 HIRO」/ 45. 島根県・居酒屋「紺屋」/ 46. 島根県・カフェ「Room+」/ 47. 奈良県・居酒屋「厨」/ 48. 茨城県・中華料理屋「萬福」/ 49. 愛媛県・洋食屋「キッチンエム」/ 50. 山梨県・食堂「村松物産店」/ 51. 群馬県・寿司屋「浜昭」/ 52. 山形県・とんかつ屋「おかめ食堂」/ 53. 徳島県・食堂「totto79」/ 54. 岡山県・カフェ「このゆびとまれ」/ 55. 奈良県・居酒屋「厨」/ 56. 愛知県・食堂「まあるいおさら」

海老・エビフライ

PRAWN & FRIED SHRIMP

海老は曲がった腰や長いヒゲから長寿の象徴とされる。一方でエビフライや天ぷらは、まっすぐなものが美しいとされる。

1.

2.

3.

4.

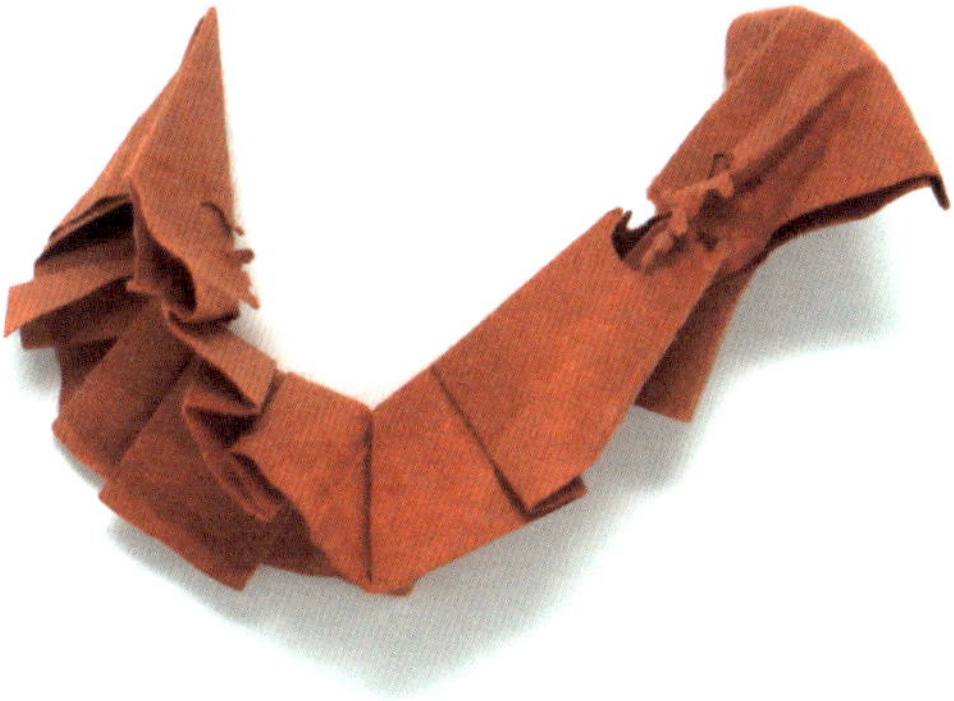

5.

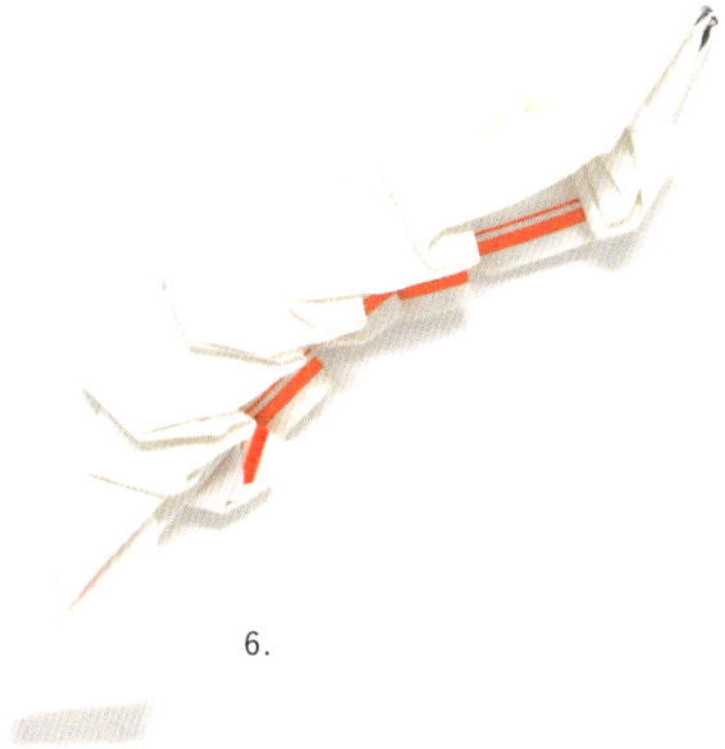

6.

8.

7.

8.

1. 東京都・ラーメン屋「紋郎」/ 2. 栃木県・ラーメン屋「いかり」/ 3. 東京都・そば屋「更科丸屋」/ 4. 埼玉県・焼肉屋「たてがみ」/ 5. 神奈川県・多国籍料理屋「クーカイ」/ 6. 栃木県・定食屋「喜楽食堂」/ 7. 岡山県・カフェ「このゆびとまれ」/ 8. 愛知県・食堂「まあるいおさら」

陸のなかま

LIVING THING

小さな虫から恐竜まで。未確認生命体も隠れているかも。

2.

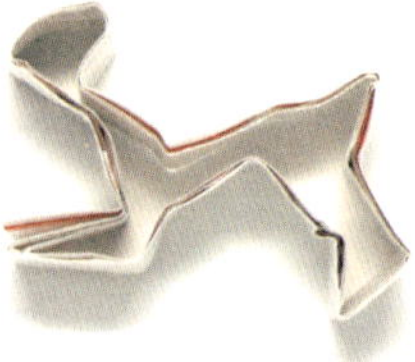

1.

4.

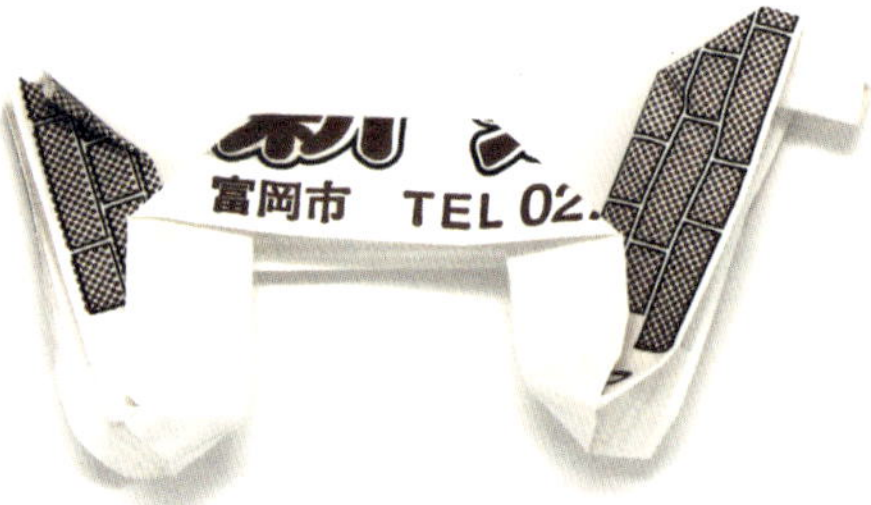

3.

6.

5.

7.

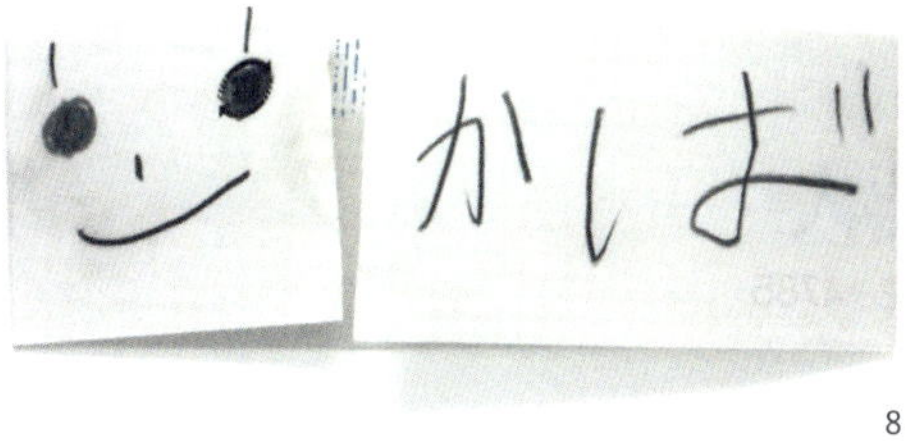

8.

9.

10.

13.

12.

11.

1.栃木県・ラーメン屋「いかり」／2.群馬県・寿司屋「浜昭」／3.群馬県・食堂「新洋亭」／4.埼玉県・焼肉屋「たてがみ」／5.秋田県・カフェ「ガーデンカフェ＆デリカｋｉｍｏｔｏ」／6.石川県・うどん屋「タマリバかんすけ」／7.鹿児島県・居酒屋「座・寿鈴」／8.長野県・食堂「来夢来人」／9.奈良県・しゃぶしゃぶ屋「松山」／10.福井県・食堂「お食事処しもむら」／11.沖縄県・食堂「ゆの家」／12.秋田県・鳥料理屋「とぶ」／13.茨城県・そば屋「にのまえ」／14.岐阜県・ハンバーグ屋「楽房 洋ＨＩＲＯ」

14.

陸のなかま LIVING THING

16.

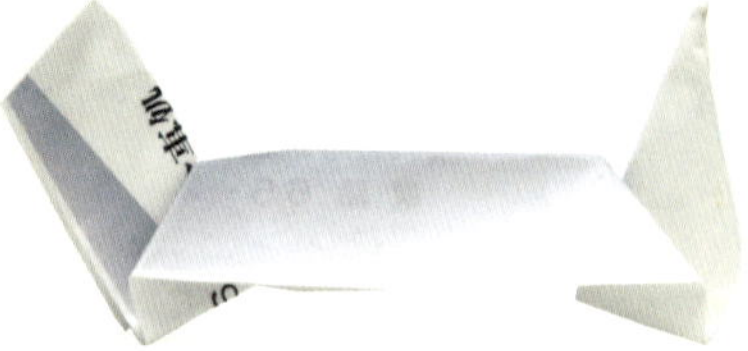

15.

18.

17.

19.

21.

20.

23.

22.

26.

25.

24.

29.

27.

28.

30.

34.

33.

32.

31.

37.

36.

35.

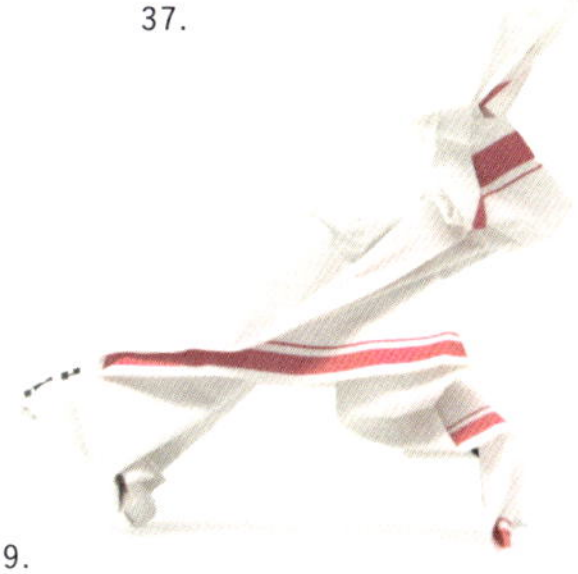

39.

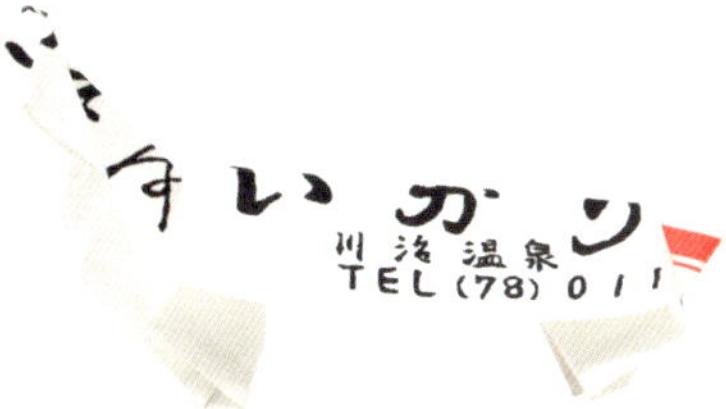

38.

40.

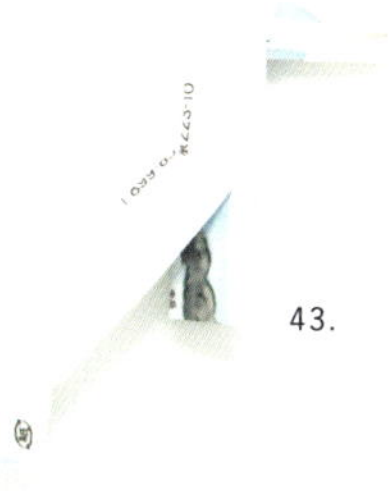

43.

41.

42.

47.

46.

45.

44.

50.

49.

48.

陸のなかま

LIVING THING

51.

53.

56.

55.

54.

52.

59.

61.

58.

57.

60.

62.

There were times when I was told “Why are you doing this? Don’t you ever get bored? What a waste!” But, now I can easily answer their questions. Thanks to the many people who I met along the way, those that I had conversations with, those that helped me search and collect items, many unimaginable events occurred. The more people I interacted with, the more interesting the journey became.

I am sure I was faced with many hardships on my journey, but strangely enough I do not really remember these. What I remember more is all the people who helped me out along the way. That is the truth. I was deeply moved by the power of meetings and connections between people.

There is nothing that pleases me more than being able to have the chance to share my thoughts and ideas with many people now and in the future.

YUKI TATSUMI

Born in 1990, Nara Prefecture, Japan.
Graduated from Kyoto University of Art & Design, then moved to Ama Town, Oki Islands in Shimane Prefecture and now currently works at an aged-care facility in Kyoto while devoting time to collecting art materials and conducting research.
Previous art exhibitions include ‘Tatsumi’s Beach Junk Art Store’ and ‘Japanese Tip - Soul of Japan on the Table’.

Japanese Tip - Soul of Japan on the Table
English Version

Author: Yuki Tatsumi
Art Direction, Design and Editing: Maico Kodaira
Translation: Nicola Jones-Kuchimura
First Published: September 2018, Little More Co., Ltd
3-56-6 Sendagaya, Shibuya-ku, Tokyo, Japan 151-0051
TEL: +81-(0)3-3401-1042 FAX: +81-(0)3-3401-1052
info@littlemore.co.jp http://www.littlemore.co.jp/

but sadly they didn't have much information. So, I continued searching and discovered a small place in a narrow alleyway just outside the busy city center that serves yakitori (grilled chicken skewers) and has chopstick sleeves featuring Mt. Fuji. I wanted to be the first customer, so I waited around until opening time.

I sat at the counter and ordered a few sticks of yakitori. This place had a homely vibe. It felt like this would be the kind of place to cooperate with my project, so I talked to the owner. He had a grim look on his face. He was silent for a while, then bluntly said "I don't understand your hobby at all." I explained it to him again, but his response didn't change.

Oh well...it can't be helped. As I ate my chicken he said to me "Hadn't you better hurry up and go to another place? I don't need you to pay for your meal." Hmm...that's not what I intended. I told him I would pay, but he told me he didn't need my money. I took it as a sign that I should be on my way. My chest tightened. I said thank you and left quickly.

Saturday 10 December
Sunny

Day 238
Takamatsu City, Prefecture #33, Kagawa.

My first stop was a bookstore that I had been told about in Yamanashi. The owner is very knowledgeable about his local community, but sadly he couldn't help me. "HASHIBUKURO??? I don't even notice these in the places where I often dine. I've never thought much about those pieces of paper."

However, he remembered someone who may be able to help me and showed me how to get to a junk shop called 'MACHI-NO-DON.' Unfortunately, nobody was there, so I tried another gift shop. "Excuse me, I'm travelling all over Japan in search of HASHIBUKURO. Can you help me with any information?" I asked again and again.

The staff and customers were astounded! But, they enthusiastically listened to my story and before I knew it they had agreed to help me in my search. They kindly suggested places, took me across the road to various shops and made phone calls to owners who might find my story interesting...

* * * *

After each new encounter and conversation I had with people during my journey, there were many times when I found myself alone deep in thought about just what it was I wanted to achieve. However, the goal of my journey was to share with others how interesting it is that Japanese people unintentionally like to transform chopstick sleeves into other objects. I also wanted to share with people that a simple hand folded object can change your point of view and make you happy and even surprise you.

I wanted to get a response from each person, and that never changed throughout my search. Of course I knew some people would not be interested, but I knew others would understand my thinking.

Traveling Japan
The Hunt for HASHIBUKURO page 96-101

Friday 10 June
Sunny

Day 55
Sayama City, Prefecture #10, Saitama

The neighboring city is a tourist spot known as Kawagoe. There are many people and shops, unlike here. I wasn't sure which restaurant to visit first. Sometimes having too many choices is just as unhelpful as too few options.

After doing some research I found a restaurant that has chopstick wrappers featuring fish designs, so off I went.

Far from the station in the middle of nowhere is a sushi bar. I opened the door and was warmly greeted by the owner-chef. There was one other customer in there already. "What will you have?" he asked. All I know about sushi is conveyer belt-style 'sushi train' places, so I nervously ordered just a few pieces of the cheapest sushi on the menu. I plucked up courage and said to him "Actually I'm here looking for chopstick wrappers" and of course the chef was surprised...I was the first person to ever make such a request!

I then told him how I am looking for eateries to cooperate with my 'Japanese Tip' collection, and he was very interested.

This restaurant actually had 14 different sleeves, each featuring an illustration and explanation of the fish, all hand drawn by the chef himself. This guy really loves HASHIBUKURO! We talked for hours and he kindly agreed to help me out.

As I was leaving, he handed me some rolled sushi for my breakfast the next day. The owner and his wife came outside to see me off and continued waving until I was in the distance.

This lovely place made all my struggles feel insignificant. I wonder where my journey will take me tomorrow?

Time to do some planning and get some sleep. Once again in my car of course! Goodnight.

Tuesday 4 October
Cloudy

Day 171
Hamamatsu City, Prefecture #22, Shizuoka

I checked the local newspapers, flyers and local eating out websites for photos but I didn't have any luck, so I decided to visit local gift shops and cafes as maybe they might be able to help me. I asked the staff "Do you know of any places around here that have cool HASHIBUKURO?"

MASK page 64, 65

How about transforming into a different animal today?

CRANE & TURTLE page 66, 67

In Japan it is said that cranes live for 1000 years and turtles live for 10,000 years. These symbols of long life can often be seen at birthday celebrations.

FAN page 68, 69

You often see this shape of good luck featuring different patterns and designs. You can use it to keep yourself cool, as an item in traditional dance or put on display at home. In the old days, people used to write love letters on fans.

ETO **(Japanese Zodiac)** page 70, 71

The twelve animal signs of the zodiac are in integral part of life in Japan.

FLOWER page 76-79

I can hear the flowers singing.
It is like a chorus group performing.

CIRCULAR & JAGGED page 80, 81

Staring into space or deep in thought...these shapes started from this.

CIRCLE, TRIANGLE, SQUARE page 82, 83

Look around...there are many shapes hidden in your home, town and in the forest.

PATTERN page 84, 85

Folds, bends and tears have made the most of the designs, letters and colors.

UNKNOWN page 86, 87

What is this? I don't have the answer but I'm sure you can see something.

HEART page 88, 89

I wonder what shape Japanese people used to convey their love before the heart-shape was introduced...

BIG page 90, 91

Wow! 140cm!!!

SMALL page 92-95

Unbelievable! As small as a grain of rice!

MARINE LIFE page 26-31

Japan is surrounded by the sea. Meet some of our sea creatures from the rocky shore to the deep ocean.

PRAWN & FRIED SHRIMP page 32, 33

Prawns have an arched back and long whiskers like a wise man, so they are said to be a symbol of long life. On the other hand, cooks will tell you that the tastiest deep-fried shrimp are straight, not bent.

LIVING THING page 34-39

From small insects to large dinosaurs...maybe some of these creatures are yet to be discovered!

DOG page 40, 41

Number 34 (left-side) looks just like my pet at home.

BOAT page 44, 45

Which boat can cross the river? I wonder if one of these can sail across the ocean?

PLANE page 46-49

Glide...zoom...nose dive...
Aim for the sky...take off!

STAR page 50, 51

"I got a gold star!" Everyone loves getting praised for their good work.

HUMAN page 52-55

I wonder why they are all look so funny?
People with a sense of humor might enjoy these.

CLOTHING page 56, 57

Welcome to the paper dress shop. How can I help you?

RIBBON & TIE page 58-61

Your mood can change with the way you knot your tie.
Which one will I wear tomorrow?

JEWELRY page 62, 63

These may not contain jewels such as diamond or ruby, but they are all special treasures.

TIP

There is a culture of giving money as a way of expressing your thanks for good service at places such as restaurants and hotels. Here in Japan this is not well known, but overseas, such as the USA, tipping is standard practice. A tip is optional but at the same time is seen as an expression of gratitude and is a way to communicate non-verbally, especially in a global society.

There are several theories as to how tipping began, with one stating that during the 18th century in a pub in London, UK, customers would place coins in a container so that drinks would be served quickly.

In countries where tipping is common, those working in the hospitality industry receive the minimum wage and make a living off the tips they receive. However, recently, an increasing number of shops are including this tip as part of a service charge or product fee.

There are many reasons why tipping is not common in Japan, such as people do not make a living from tips, money is not handed over without being put in a special envelope and it is frowned upon to hand over coins.

However, when you stay at a ryokan (Japanese inn) there is a tradition of handing over an envelope of money known as KOKORO-ZUKE (gratuity) to ask for special attention as a customer. This can be a larger sum of money and is handed over in a special envelope on arrival, so differs greatly from a tip.

Picture Dictionary

HASHIOKI (chopstick rest) page 14, 15

This is like a pillow for your chopsticks! Balance the tip of your chopsticks on this rest so they do not directly touch the table.

MUSUBI (bow) page 16, 17

You often see this shape tied on the back of a kimono belt or on lucky charm papers at shrines.

ORI (fold) page 18, 19

What is it about Japanese people that makes them want to fold something whenever they see a piece of paper?

BIRD page 20-25

Many birds have flocked together. I wonder what species...and where have they flown from?

HASHIBUKURO
(Chopstick wrapper/sleeve/envelope)

This is a paper wrapper that contains a pair of chopsticks.

It is unclear when or where HASHIBUKURO originated, but during the Heian Period (794 - 1185) court ladies would wrap their chopsticks in pieces of cloth. There is a historical record from the Muromachi Period (1336 - 1573) of an eatery that wrapped chopsticks in a paper sleeve.

It is said that the culture of putting chopsticks into a wrapper spread across the food industry for a number of reasons such as the following:-

• To show that the chopsticks are new or have been cleaned.

• It is a sign of hospitality and etiquette, as these utensils that you put in your mouth are considered sacred.

• When setting the table, you can put the chopsticks down directly on the table, without using a HASHIOKI (chopstick rest).

• You can include your shop name and address, acting as a way of advertising.

Due to recent financial restraints and eco-friendly ideas, there is a decrease in usage.

ITADAKIMASU &
GOCHISOSAMA DESHITA

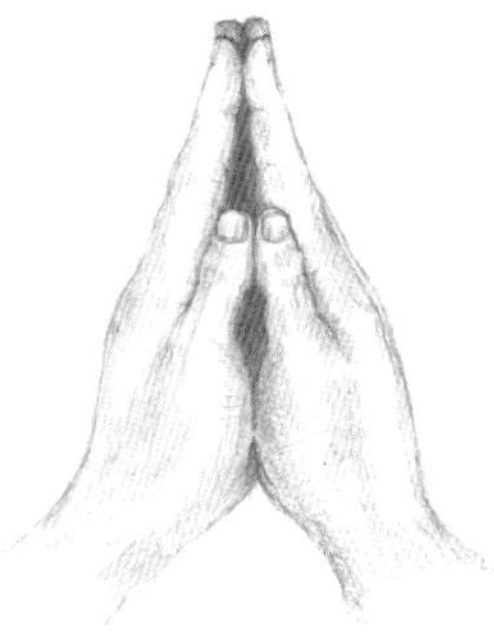

In Japan, there are specific phrases that you use before and after a meal.

When you say "ITADAKIMASU" at the beginning of a meal you are giving thanks to Mother Earth for the vegetables, fish, meat and even the seasonings, all of which have been created by the bounty of nature.

On the other hand, when you say "GOCHISOSAMA DESHITA" at the end of a meal you are thanking those that were involved in the preparation, including the farmers who grew the rice and vegetables on their land, the fisherman who caught the fish in the rivers and sea, the people in the factories who processed the food, the truck drivers who transported the food, the shopkeepers, the customers, the cooks and so on. This one specific phrase is a way of giving thanks to a vast array of people.

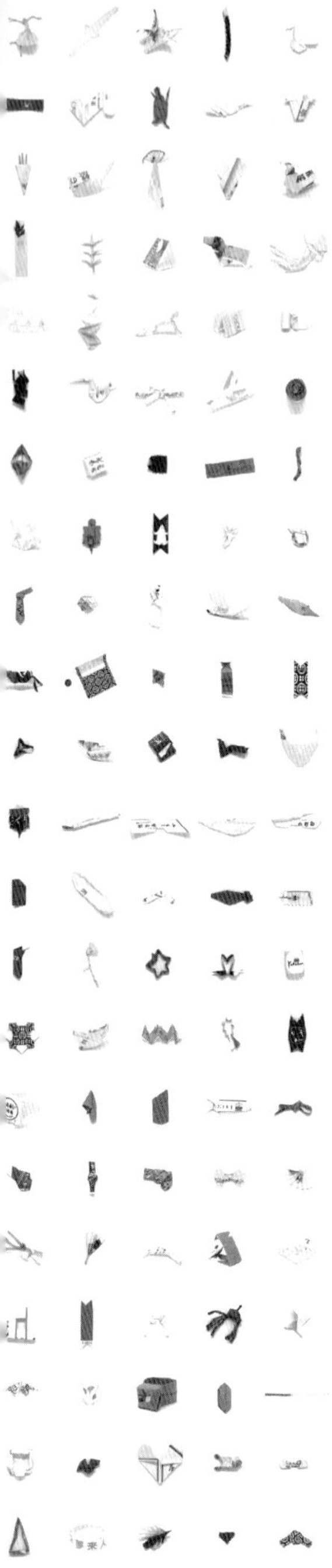

Japanese Tip - Soul of Japan on the Table

English Version

What is 'Japanese Tip'?

My interest in collecting started when I was studying at university and working part-time at a restaurant. I was a poor, hungry student, and having to clean up the mess and leftovers on the tables was such a tedious job.

One day, I found a chopstick wrapper left behind on the table. It had been transformed into a work of art by the customer. I thought "What an interesting shape it is!" and put it in my pocket. From that day on, I made a point of looking for these little works of art. I noticed that many people were making objects and leaving these on the table.

I realized that folding paper into some object is definitely a uniquely Japanese habit, so I named this object a 'Japanese Tip.' I considered this to be a thank you sign from the customer.

What I once considered trash had now become a treasure, a tip from the customer! After this, cleaning the restaurant tables became much more enjoyable. I wanted to see more designs and share this discovery with others, so I started this project.

This collection and book was made possible with the cooperation of restaurants from Hokkaido in the north to Okinawa in the south. I drove my small car up and down Japan collecting these 'Japanese Tip' objects between April 2016 and August 2017.

What I found greatly exceeded my expectations, and I was able to collect more than 13,000 items. It seemed such a great shame for them to be seen by only me, so I have chosen a selection to share with you. These are all shapes that come from being Japanese. Why did they make this shape? Please look beyond the object and discover its unique story.

64.

63.

15.福井県・食堂「お食事処しもむら」／16.青森県・居酒屋「蔵八」／17.石川県・居酒屋「ミッドナイトキッチンZOO」／18.岡山県・焼肉屋「千屋牛」／19.長野県・そば屋「岳家」／20.福井県・食堂「お食事処しもむら」／21.群馬県・喫茶店「パーラーレストランモモヤ」／22.愛知県・食堂「まあるいおさら」／23.広島県・食堂「ドライブイン灘」／24.25.岐阜県・ハンバーグ屋「楽房 洋HIRO」／26.奈良県・居酒屋「厨」／27.鹿児島県・居酒屋「座・寿鈴」／28.島根県・カフェ「Room+」／29.岩手県・うどん屋「みししっぴ饂飩」／30.群馬県・喫茶店「パーラーレストランモモヤ」／31.和歌山県・喫茶店「かえりみちのブルー珈琲」／32.岐阜県・ハンバーグ屋「楽房 洋HIRO」／33.茨城県・そば屋「にのまえ」／34.鹿児島県・居酒屋「座・寿鈴」／35.広島県・食堂「ドライブイン灘」／36.高知県・居酒屋「がしら亭」／37.鹿児島県・居酒屋「座・寿鈴」／38.栃木県・ラーメン屋「いかり」／39.群馬県・喫茶店「パーラーレストランモモヤ」／40.大阪府・うどん屋「御食事処きんぐ」／41.石川県・居酒屋「ミッドナイトキッチンZOO」／42.茨城県・中華料理屋「萬福」／43.鹿児島県・食堂「霧島峠茶屋」／44.兵庫県・中華料理屋「香美園」／45.46.三重県・カフェ「こはなカフェ」／47.富山県・カフェ「One plate」／48.愛知県・食堂「まあるいおさら」／49.愛媛県・洋食屋「キッチンエム」／50.島根県・カフェ「Room+」／51.岡山県・カフェ「このゆびとまれ」／52.富山県・カフェ「One plate」／53.北海道・洋食屋「小樽Muse」／54.岐阜県・ハンバーグ屋「楽房 洋HIRO」／55.山形県・とんかつ屋「おかめ食堂」／56.山梨県・カフェ「明治学校」／57.岐阜県・食堂「大福屋」／58.奈良県・しゃぶしゃぶ屋「松山」／59.北海道・焼肉屋「焼肉亭サム」／60.石川県・居酒屋「ミッドナイトキッチンZOO」／61.香川県・食堂「Benの台所」／62.岐阜県・薬膳料理屋「然の膳」／63.64.岡山県・カフェ「このゆびとまれ」／65.三重県・カフェ「こはなカフェ」／66.神奈川県・居酒屋「とんかつパリ一」／67.岩手県・うどん屋「みししっぴ饂飩」／68.福井県・食堂「お食事処しもむら」

65.

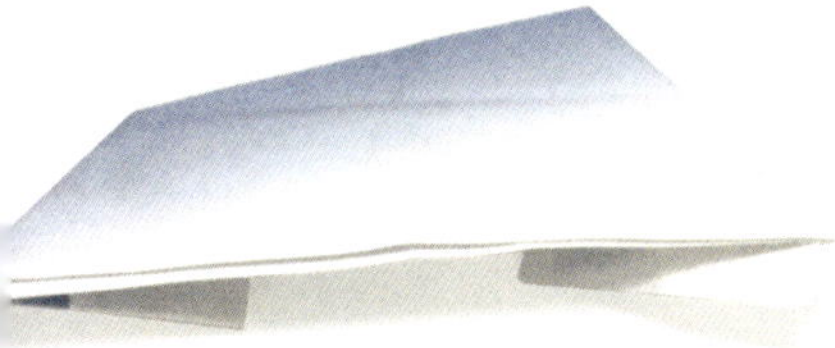

68.

67.

66.

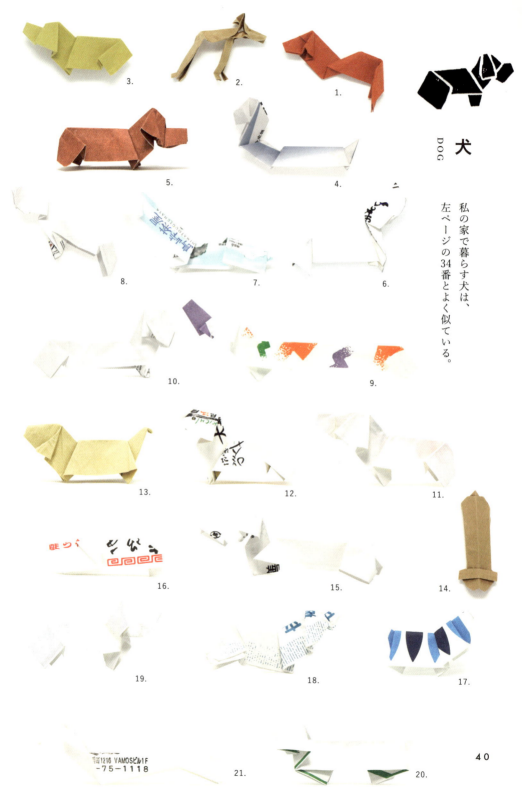

犬

DOG

私の家で暮らす犬は、左ページの34番とよく似ている。

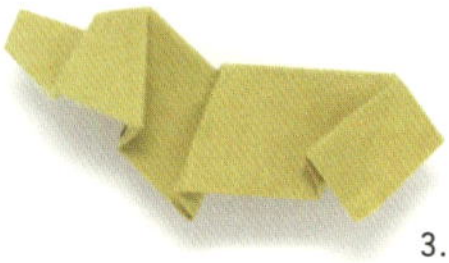

3.

2.

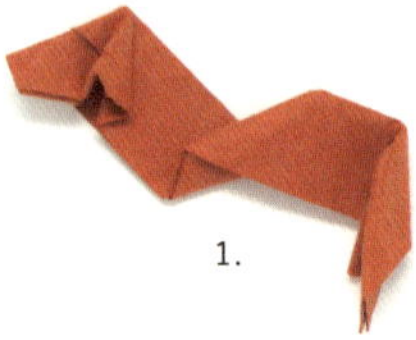

1.

5.

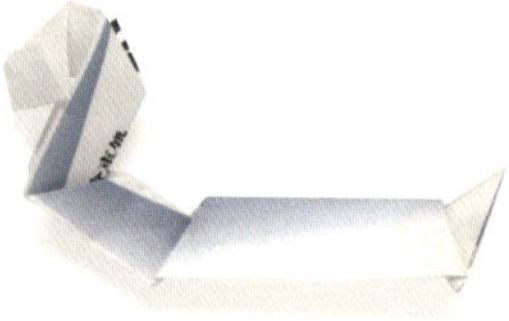

4.

8.

7.

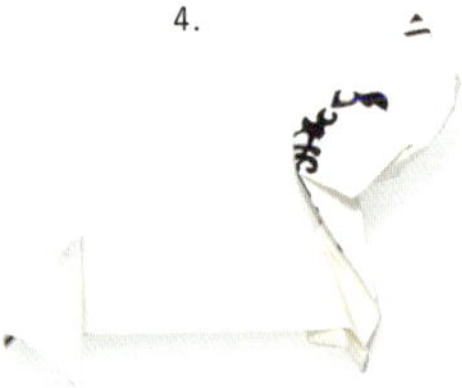

6.

10.

9.

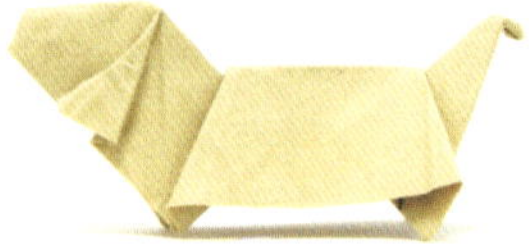

13.

12.

11.

16.

15.

14.

19.

18.

17.

21.

20.

1.岡山県・カフェバー「Sleep Smooth」／2.岩手県・うどん屋「みししっぴ饂飩」／3.富山県・カフェ「One plate」／4.福井県・食堂「お食事処しもむら」／5.岐阜県・ハンバーグ屋「楽房洋HIRO」／6.石川県・居酒屋「ミッドナイトキッチンZOO」／7.鹿児島県・食堂「霧島峠茶屋」／8.愛知県・食堂「まあるいおさら」／9.岡山県・カフェ「このゆびとまれ」／10.愛知県・食堂「まあるいおさら」／11.広島県・食堂「ドライブイン灘」／12.和歌山県・居酒屋「ご飯とお酒咲吉」／13.和歌山県・喫茶店「かえりみちのブルー珈琲」／14.岩手県・うどん屋「みししっぴ饂飩」／15.岐阜県・薬膳料理屋「然の膳」／16.兵庫県・中華料理屋「香美園」／17.三重県・カフェ「こはなカフェ」／18.長野県・食堂「来夢来人」／19.京都府・カフェ「ろじうさぎ」／20.埼玉県・寿司屋「宝来鮨」／21.富山県・居酒屋「酒蔵盛盛」／22.岡山県・焼肉屋「千屋牛」／23.愛知県・洋食屋「カフェ&キッチン タツミ」／24.北海道・洋食屋「小樽Muse」／25.三重県・カフェ「こはなカフェ」／26.岡山県・カフェバー「SleepSmooth」／27.和歌山県・居酒屋「ご飯とお酒咲吉」／28.沖縄県・イタリア料理屋「torico」／29.山形県・とんかつ屋「おかめ食堂」／30.奈良県・居酒屋「厨」／31.高知県・レストラン「ゆず庵」／32.奈良県・居酒屋「厨」／33.埼玉県・寿司屋「宝来鮨」／34.佐賀県・あんこ屋「夜のあんこ屋よなよな」／35.愛知県・食堂「まあるいおさら」／36.奈良県・居酒屋「和喰」／37.埼玉県・焼肉屋「たてがみ」／38.山梨県・食堂「村松物産店」／39.北海道・洋食屋「小樽Muse」

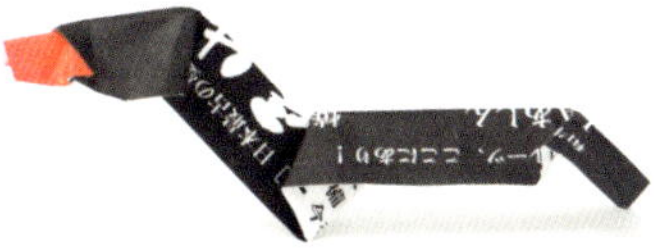
22.

23.

24.

25.

26.

27.

28.

29.

30.

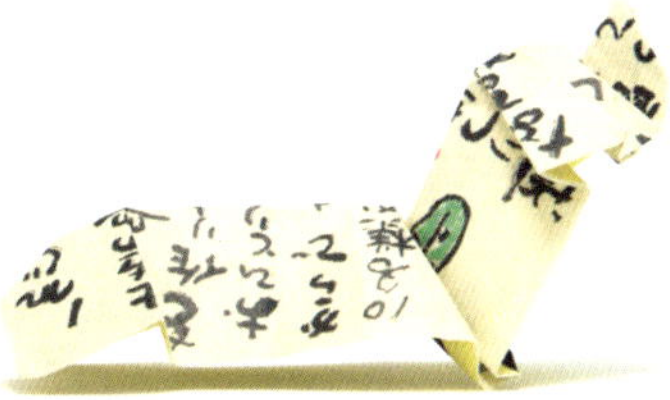
31.

32.

33.

34.

35.

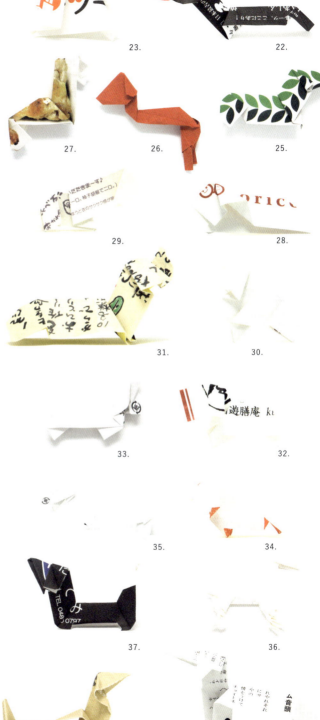

36.

37.

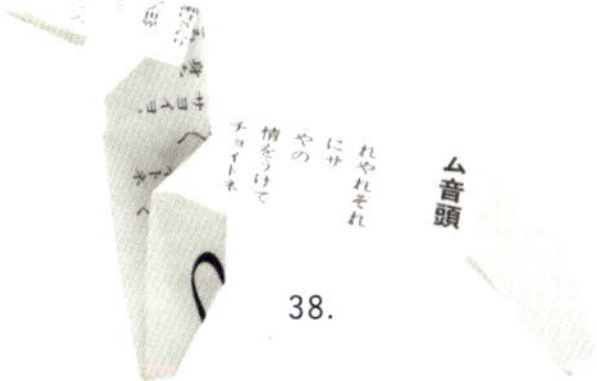
38.

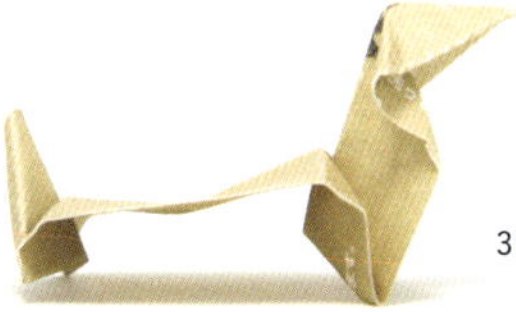
39.

全国各地から送っていただいた、
たくさんのジャパニーズ・チップ。

箸袋から、お店の「色」が見えてくる。

舟
BOAT

川を渡る船はどれだろう。
海を渡れる船はあるだろうか。

1.

2.

3.

4.

6.

5.

7.

8.

10.

9.

13.

12.

11.

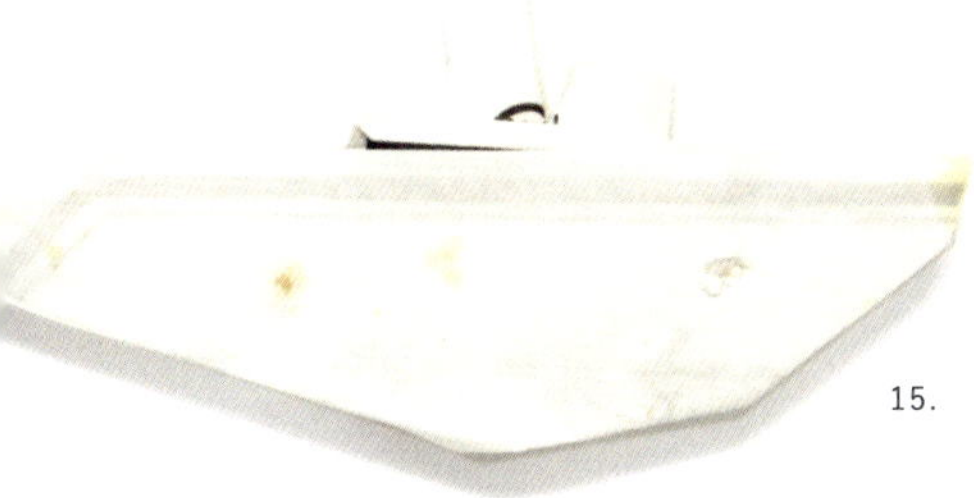

15.

14.

17.

16.

18.

1. 群馬県・喫茶店「パーラーレストランモモヤ」/ 2. 山形県・居酒屋「大山」/ 3. 埼玉県・寿司屋「宝来鮨」/ 4. 茨城県・そば屋「にのまえ」/ 5. 長野県・そば屋「岳家」/ 6. 鹿児島県・食堂「霧島峠茶屋」/ 7. 宮城県・居酒屋「白雪」/ 8. 群馬県・寿司屋「浜昭」/ 9. 福井県・食堂「お食事処しもむら」/ 10. 岩手県・うどん屋「みししっぴ饂飩」/ 11. 石川県・居酒屋「ミッドナイトキッチン ZOO」/ 12. 広島・定食屋「ドバイー」/ 13. 福井県・食堂「お食事処しもむら」/ 14. 岩手県・うどん屋「みししっぴ饂飩」/ 15. 石川県・居酒屋「ミッドナイトキッチン ZOO」/ 16. 島根県・カフェ「Cafe&Rest FAVORI」/ 17. 山梨県・お好み焼き屋「ぱんじゃ」/ 18. 青森県・居酒屋「蔵八」/ 19. 三重県・カフェ「こはなカフェ」

19.

飛行機
PLANE

ふわふわ　ビューン　ゴーー
みんな空に向けて出発！

1.

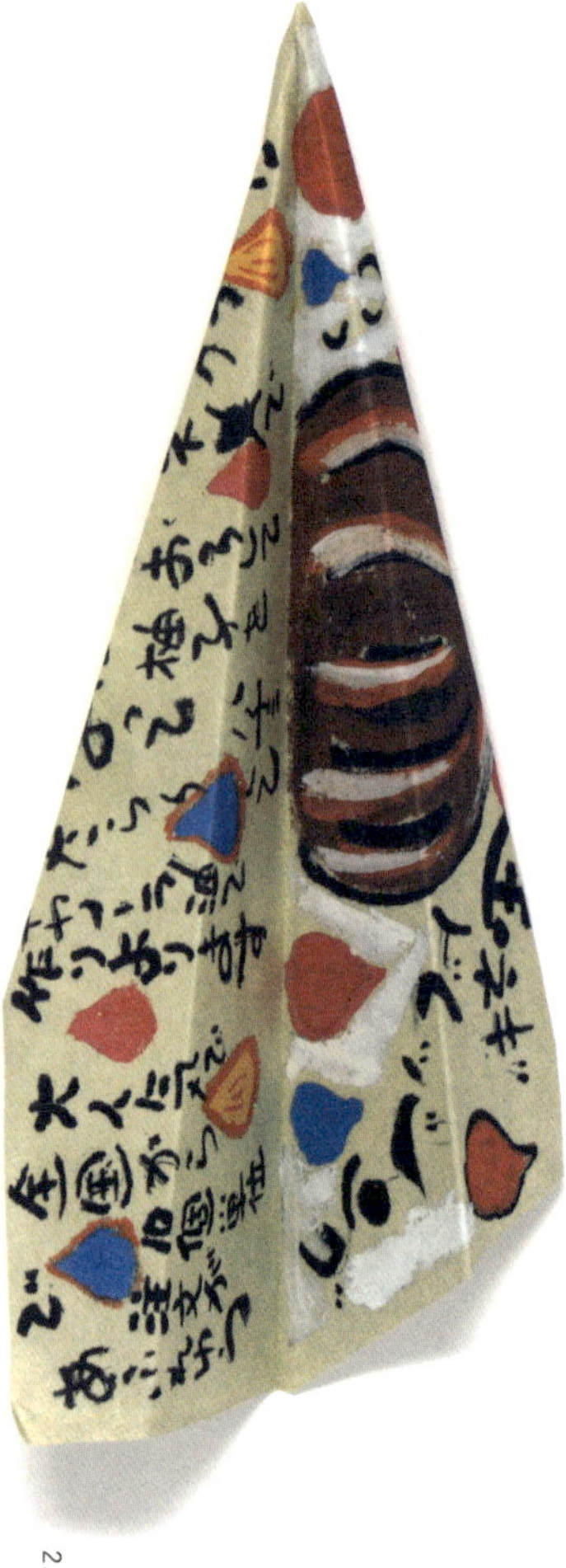

2.

読者ハガキ

おそれ入りますが、
切手を
お貼り下さい。

151-0051
東京都渋谷区千駄ヶ谷3-56-6

（株）リトルモア 行
Little More

ご住所 〒

お名前（フリガナ）

ご職業

□男 □女 才

メールアドレス

リトルモアからの新刊・イベント情報を希望 □する □しない

※ご記入いただきました個人情報は、所定の目的以外には使用しません

小社の本は全国どこの書店からもお取り寄せが可能です。


[Little More WEB オンラインストア]でもすべての書籍がご購入頂けます。

http://www.littlemore.co.jp/

クレジットカード、代金引換がご利用になれます。

税込1,500円以上のお買い上げで送料（300円）が無料になります。

但し、代金引換をご利用の場合、別途、代引手数料がかかります。

ご購読ありがとうございました。
今後の資料とさせていただきますので
アンケートにご協力をお願いいたします。

voice

お買い上げの書名

ご購入書店

市・区・町・村　　　　書店

本書をお求めになった動機は何ですか。

□新聞・雑誌などの書評記事を見て（媒体名　　　　　）
□新聞・雑誌などの広告を見て
□友人からすすめられて
□店頭で見て
□ホームページを見て
□著者のファンだから
□その他（　　　　　）

最近購入された本は何ですか。（書名　　　　　）

本書についてのご感想をお聞かせ下されば、うれしく思います。
小社へのご意見・ご要望などもお書き下さい。

ご協力ありがとうございました。

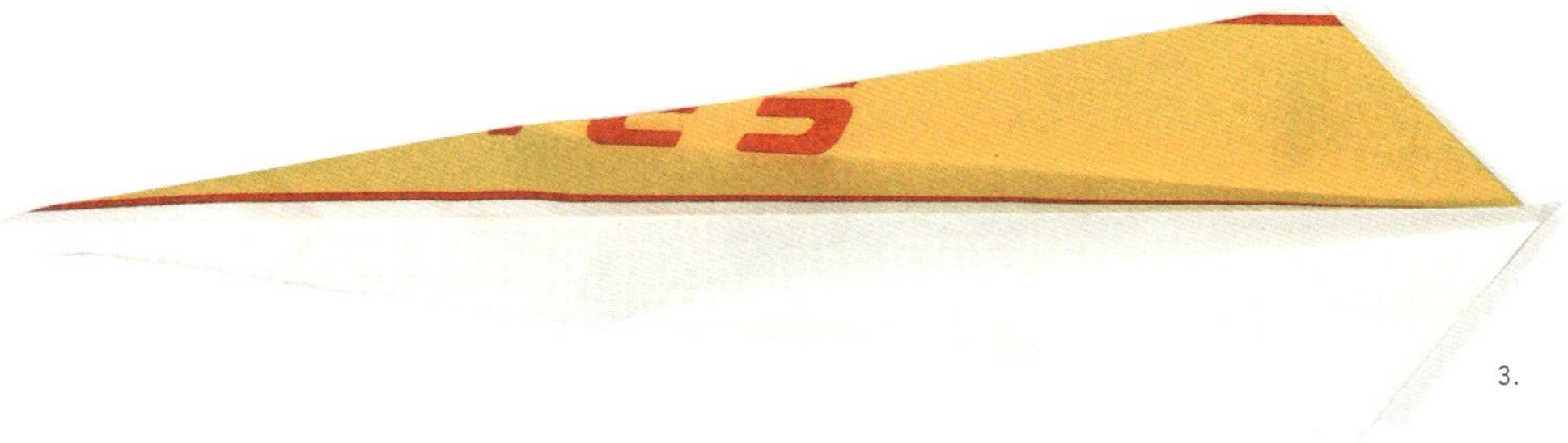

3.

4.

5.

6.

7.

1. 島根県・カフェ「蔵庭 I KURANIWA」/ 2. 高知県・レストラン「ゆず庵」/ 3. 長崎県・レストラン「いとうレストラン」/ 4. 島根県・カフェ「Cafe&Rest FAVORI」/ 5. 山梨県・お好み焼き屋「ぱんじゃ」/ 6. 三重県・カフェ「こはなカフェ」/ 7. 福井県・食堂「お食事処しもむら」/ 8. 鹿児島県・食堂「霧島峠茶屋」/ 9. 和歌山県・居酒屋「ご飯とお酒咲吉」/ 10. 岐阜県・ハンバーグ屋「楽房 洋 HIRO」/ 11. 佐賀県・あんこ屋「夜のあんこ屋よなよな」/ 12. 愛知県・食堂「まあるいおさら」/ 13. 秋田県・鳥料理屋「とぶ」/ 14. 広島県・寿司屋「寿司金」/ 15. 島根県・中華料理屋「龍鳳」/ 16. 埼玉県・焼肉屋「たてがみ」/ 17. 静岡県・居酒屋「串かつクシゾー」/ 18. 茨城県・そば屋「にのまえ」/ 19. 山形県・居酒屋「大山」/ 20. 北海道・洋食屋「小樽 Muse」/ 21. 広島県・食堂「ドライブイン灘」/ 22. 佐賀県・ラーメン屋「麺屋 Yokohama」/ 23. 東京都・ラーメン屋「紋郎」/ 24. 大分県・食堂「食堂研究所」/ 25. 岩手県・うどん屋「みししっぴ饂飩」/ 26. 島根県・スナック「四季」

8.

9.

10.

12.

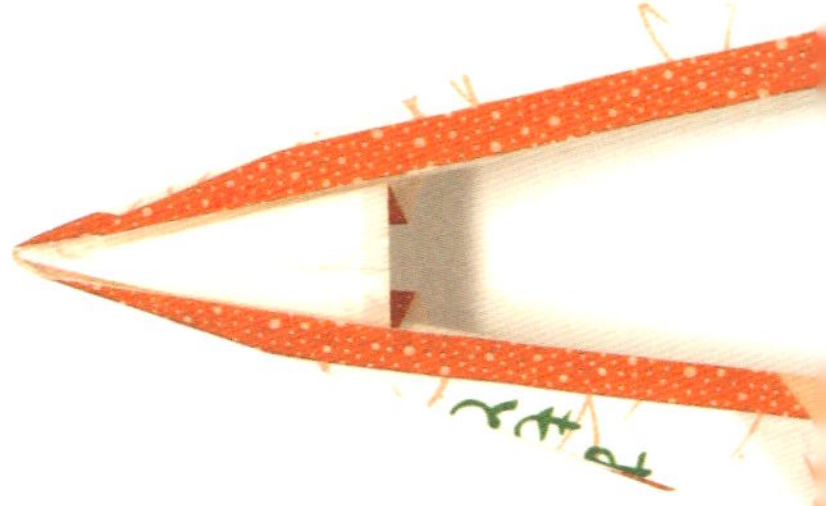

11.

13.

15.

14.

16.

26.

25.

24.

22.

20.

19.

23.

21.

18.

17.

星 STAR

星がついた！
星をもらえると嬉しい気分になる。

1. 広島県・食堂「ドライブイン灘」/ 2. 石川県・居酒屋「ミッドナイトキッチン ZOO」/ 3. 長野県・そば屋「岳家」/ 4. 福岡県・カレー屋「湖月のカレーあんみ」/ 5. 福井県・食堂「お食事処しもむら」/ 6. 福岡県・カレー屋「湖月のカレーあんみ」/ 7. 島根県・カフェ「Room+」/ 8. 鳥取県・カフェ「おうちカフェしぇ・あん」/ 9. 埼玉県・焼肉屋「たてがみ」/ 10. 北海道・焼肉屋「焼肉亭サム」/ 11. 愛知県・食堂「まあるいおさら」/ 12. 岐阜県・薬膳料理屋「然の膳」/ 13. 愛知県・食堂「まあるいおさら」/ 14. 長崎県・レストラン「いとうレストラン」

17.

16.

15.

18.

21.

19.

23.

20.

22.

24.

26.

28.

27.

25.

15. 群馬県・居酒屋「味来」/ 16. 岡山県・カフェバー「Sleep Smooth」/ 17. 山梨県・お好み焼き屋「ぱんじゃ」/ 18. 長崎県・レストラン「いとうレストラン」/ 19. 岩手県・うどん屋「みししっぴ饂飩」/ 20. 長野県・食堂「来夢来人」/ 21. 福岡県・カレー屋「湖月のカレーあんみ」/ 22. 秋田県・カフェ「ガーデンカフェ & デリカ kimoto」/ 23. 愛知県・バー「やん BAR」/ 24. 鳥取県・食堂「八百屋 bar ものがたり」/ 25. 鹿児島県・食堂「霧島峠茶屋」/ 26. 新潟県・そば屋「越後へぎそば処 粋や」/ 27. 富山県・カフェ「One plate」/ 28. 島根県・中華料理屋「龍鳳」

人
HUMAN

なぜかひょうきんな格好ばかり。
ちょっと間抜けな方が愛着が湧きませんか？

1.

2.

3.

4.

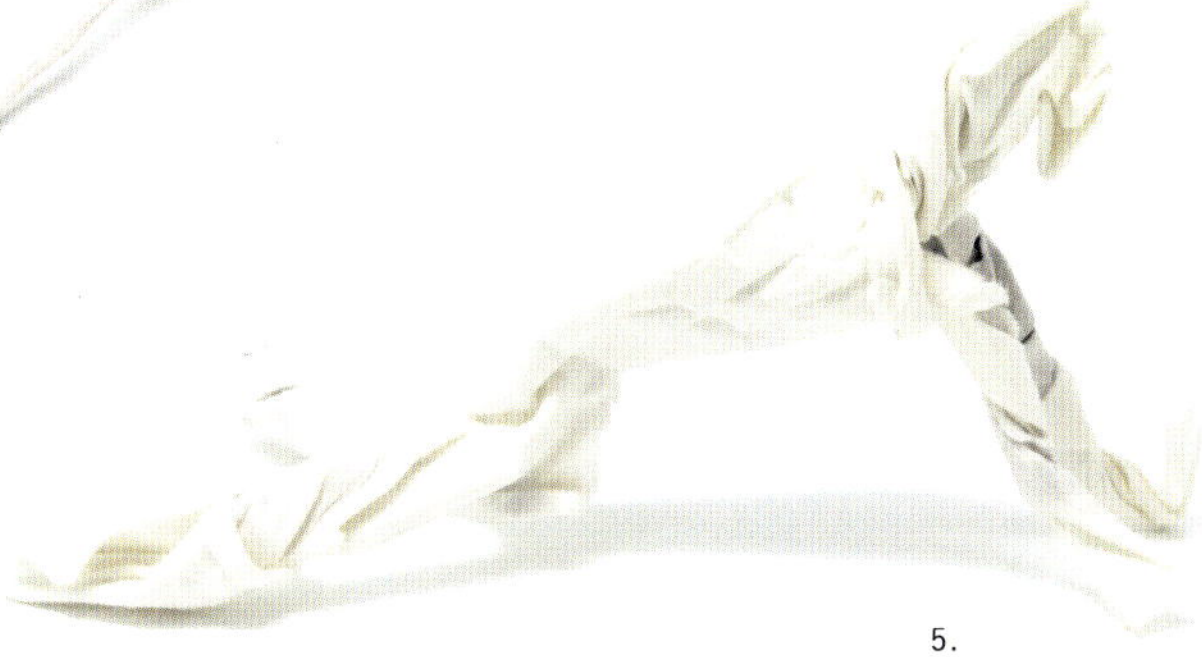

5.

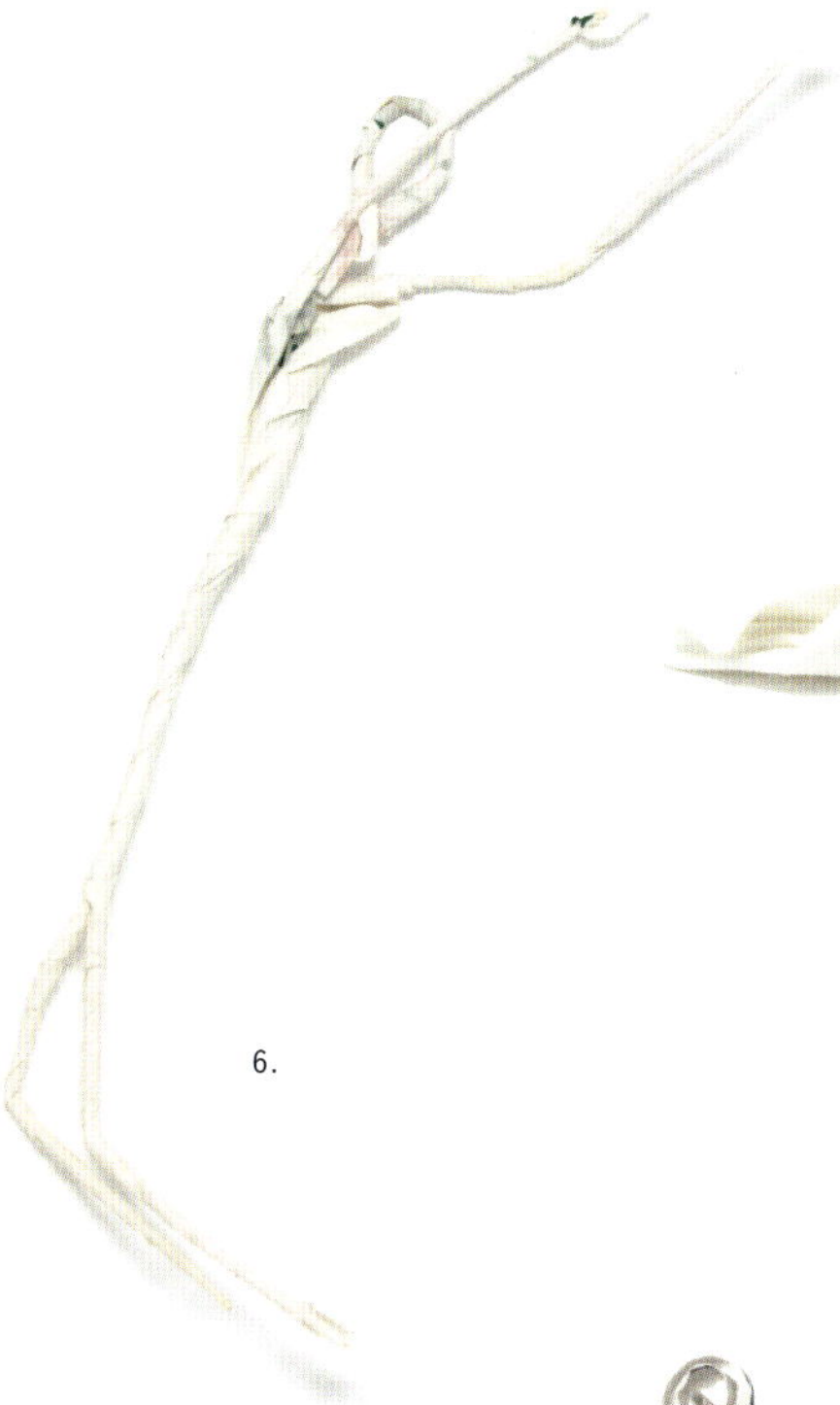

6.

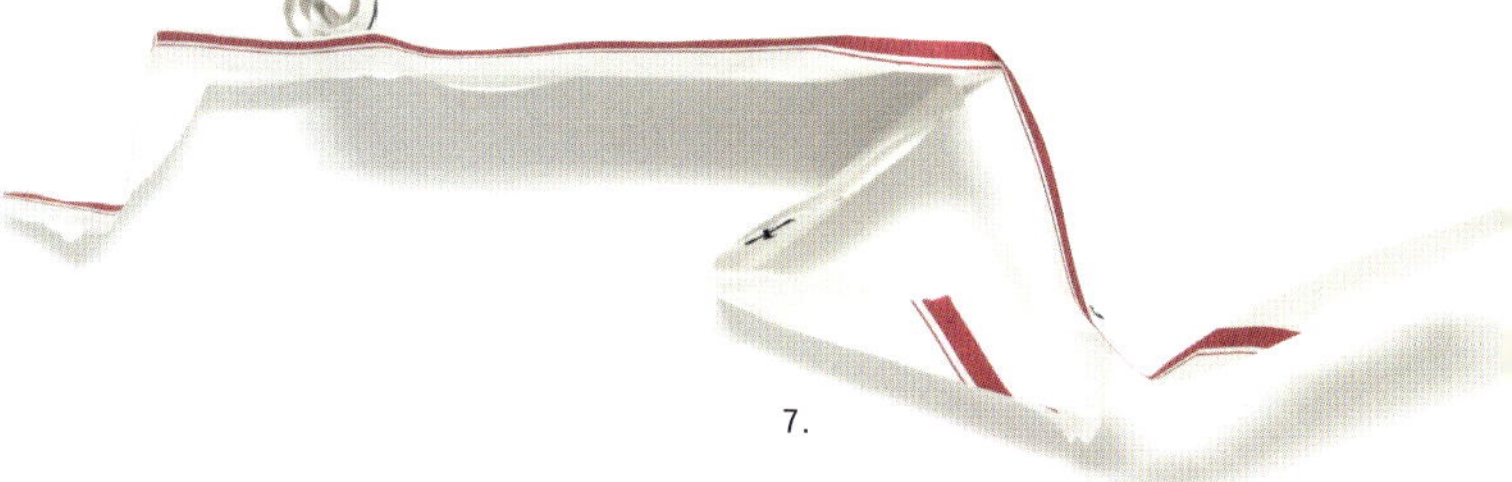

7.

1. 福岡県・カレー屋「湖月のカレーあんみ」/ 2. 群馬県・居酒屋「味来」/ 3. 愛知県・食堂「まあるいおさら」/ 4. 大阪府・うどん屋「御食事処きんぐ」/ 5. 長野県・そば屋「岳家」/ 6. 山梨県・カフェ「仁田平マルシェ」/ 7. 群馬県・喫茶店「パーラーレストランモモヤ」

8.

9.

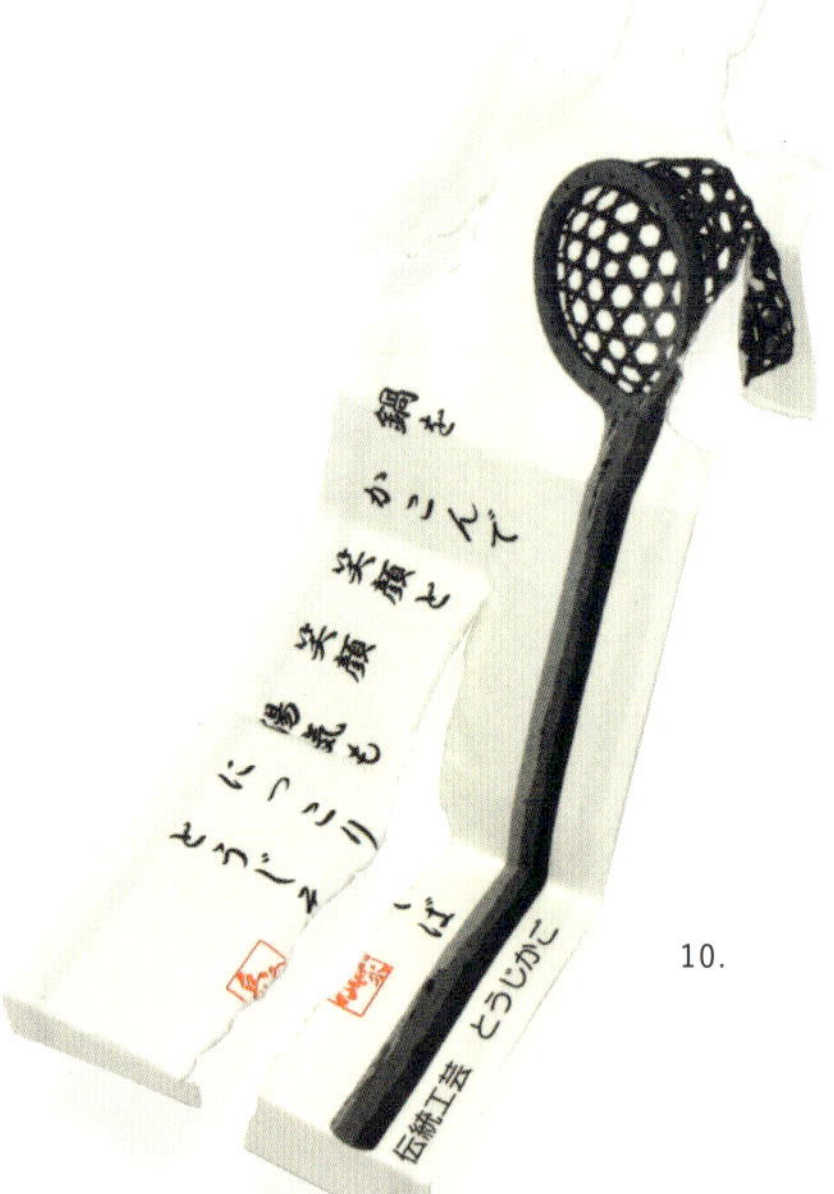

10.

11.

14.

12.

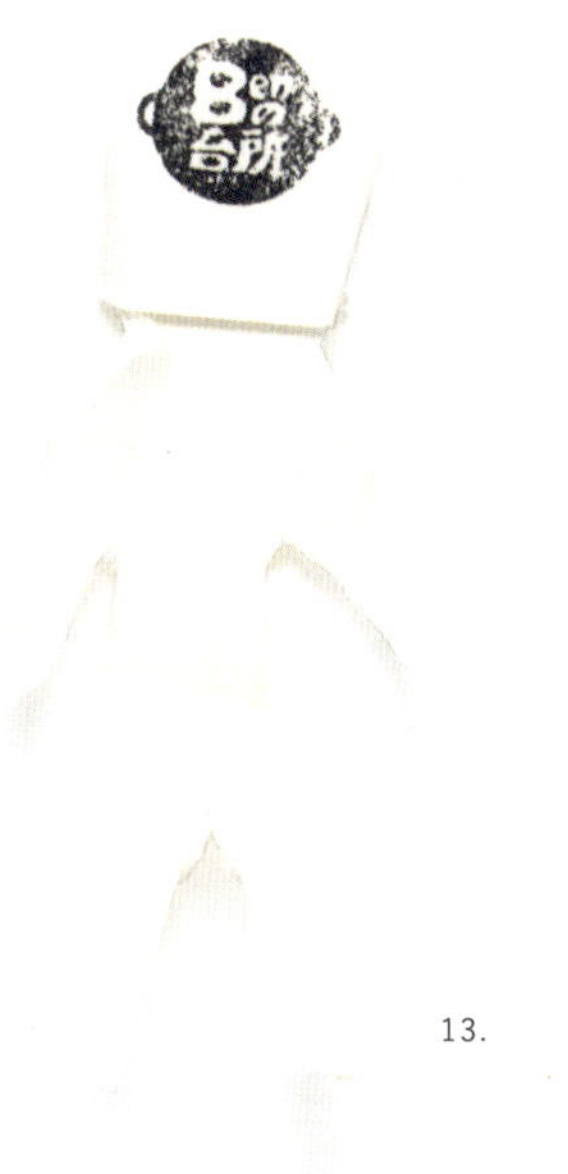

13.

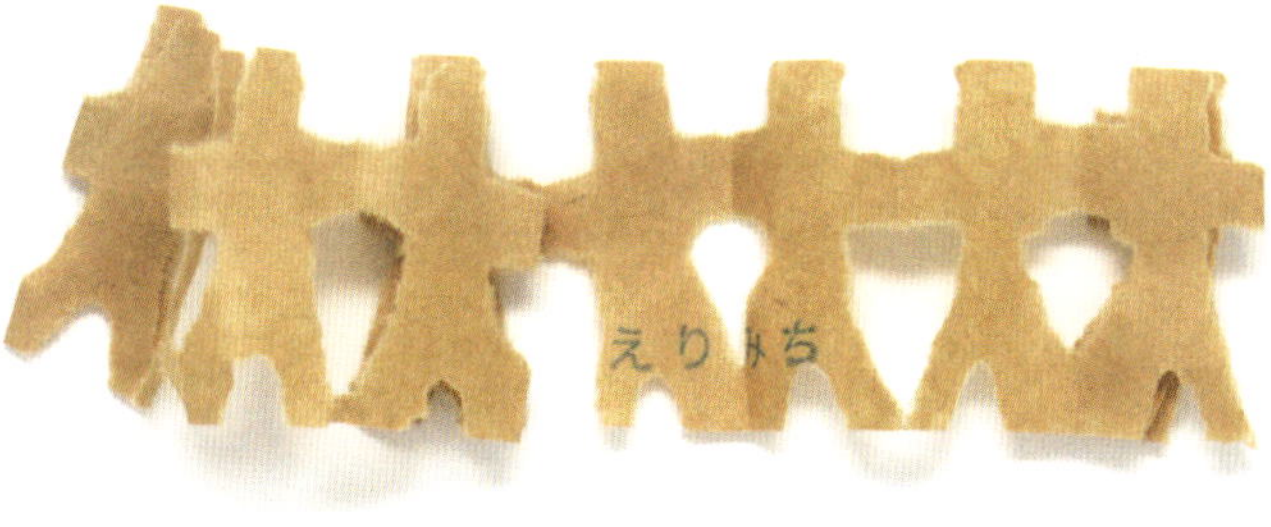

15.

8.和歌山県・喫茶店「かえりみちのブルー珈琲」/ 9.岩手県・うどん屋「みししっぴ饂飩」/ 10.長野県・そば屋「岳家」/ 11.愛知県・バー「やん BAR」/ 12.茨城県・中華料理屋「萬福」/ 13.香川県・食堂「Benの台所」/ 14.福岡県・カレー屋「湖月のカレーあんみ」/ 15.和歌山県・喫茶店「かえりみちのブルー珈琲」

服

CLOTHING

いらっしゃいませ。
紙の洋服屋へようこそ。

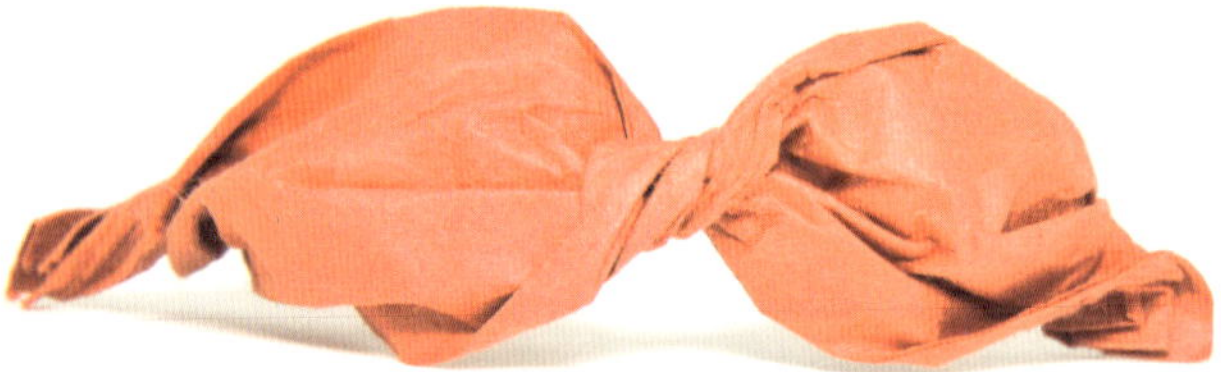

1.

2.

3.

1. 愛知県・バー「やん BAR」/ 2. 和歌山県・居酒屋「ご飯とお酒咲吉」/ 3. 富山県・カフェ「One plate」/ 4. 島根県・中華料理屋「龍鳳」/ 5. 東京都・居酒屋「酒ト飯イイダ」/ 6. 愛知県・食堂「まあるいおさら」/ 7. 石川県・居酒屋「ミッドナイトキッチン ZOO」/ 8. 鳥取県・カフェ「おうちカフェしぇ・あん」/ 9. 三重県・居酒屋「まっさん」

5.

中国広東料理

4.

7.

まあるい
おさら
あったかキッチン
"MAARUIOSARA®" Trade-mark
Authorized by CP-MARMA License

6.

9.

8.

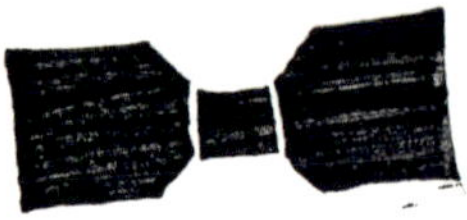

リボン・ネクタイ

RIBBON & TIE

結び方ひとつで意味が変わる。
あしたはどれをつけていこうか。

1.

2.

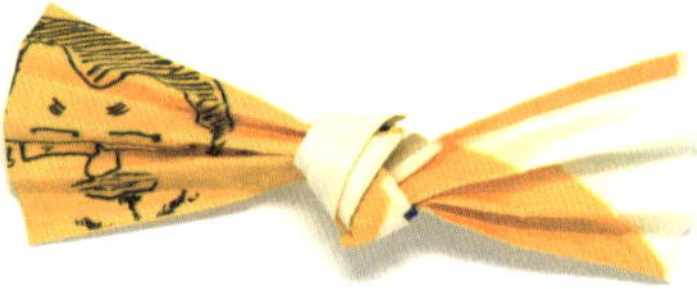

3.

4.

5.

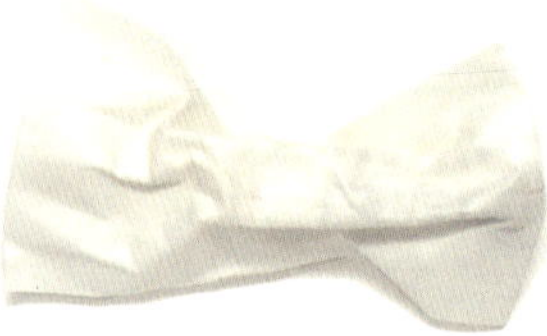

6.

7.

8.

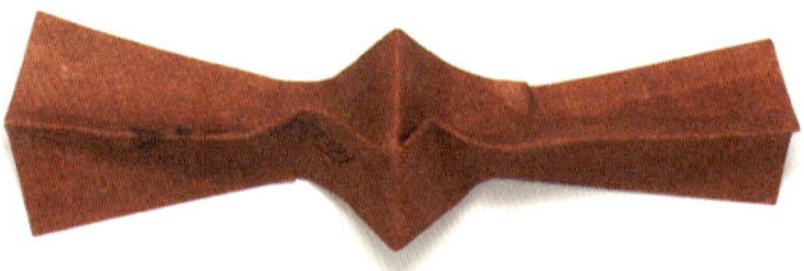

9.

15.

16.

17.

18.

19.

10.

11.

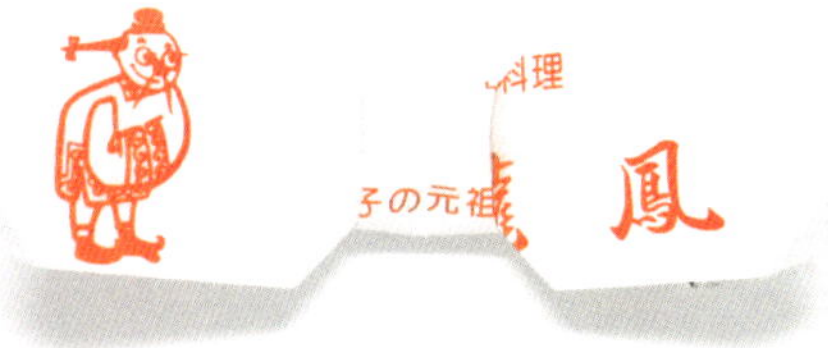

12.

13.

14.

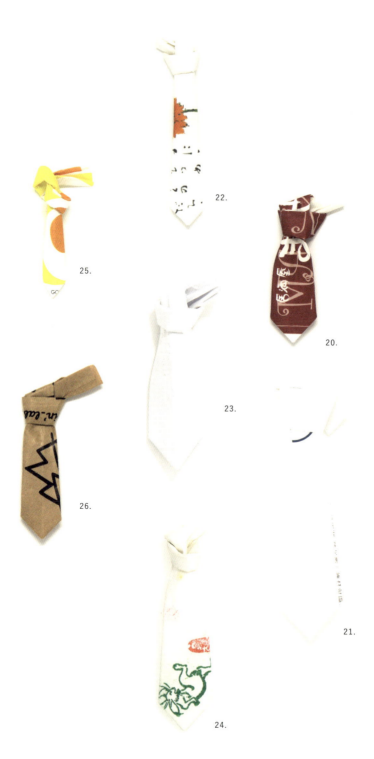

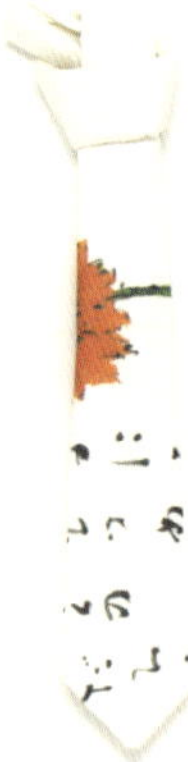

22.

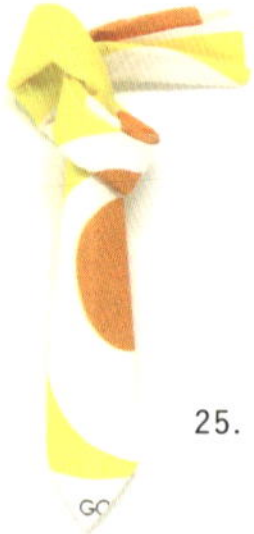

25.

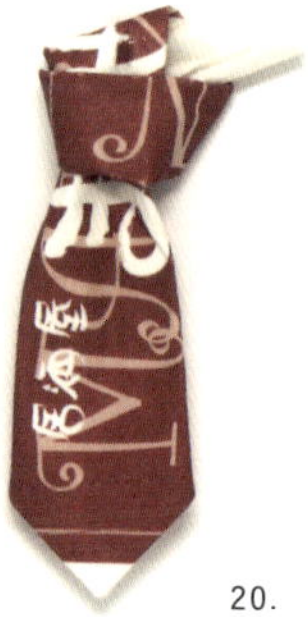

20.

23.

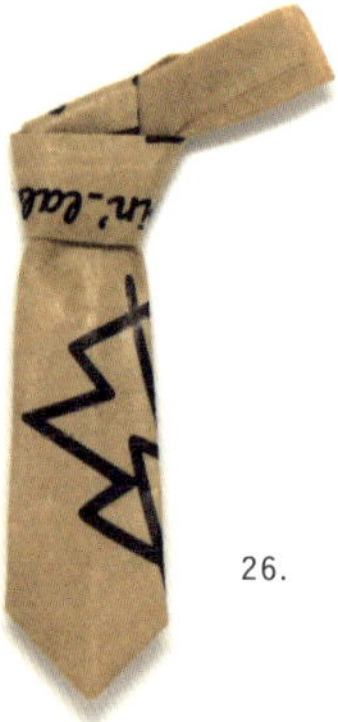

26.

21.

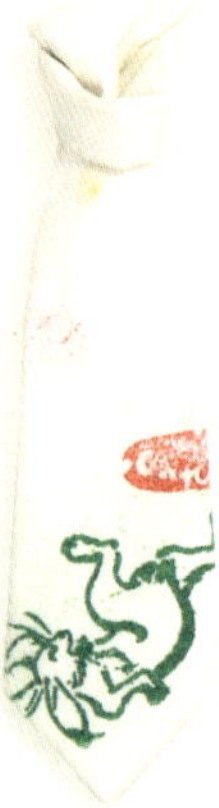

24.

1.高知県・レストラン「ゆず庵」／2.神奈川県・居酒屋「とんかつパリー」／3.佐賀県・ラーメン屋「麺屋Yokohama」／4.石川県・うどん屋「タマリバかんすけ」／5.秋田県・カフェ「ガーデンカフェ＆デリカkimoto」／6.石川県・うどん屋「タマリバかんすけ」／7.鹿児島県・居酒屋「座・寿鈴」／8.長野県・沖縄料理屋「OKINAWA KITCHEN」／9.岐阜県・ハンバーグ屋「楽房 洋HIRO」／10.茨城県・そば屋「にのまえ」／11.奈良県・食堂「おてんがら」／12.島根県・中華料理屋「龍鳳」／13.石川県・うどん屋「タマリバかんすけ」／14.福井県・食堂「お食事処しもむら」／15.埼玉県・寿司屋「宝来鮨」／16.三重県・居酒屋「まっさん」／17.石川県・豆腐料理屋「源右ェ門」／18.佐賀県・あんこ屋「夜のあんこ屋よなよな」／19.群馬県・寿司屋「浜昭」／20.新潟県・居酒屋「まんぜん」／21.愛知県・食堂「まあるいおさら」／22.福井県・そば屋「朝倉の里 利休庵」／23.鳥取県・カフェ「おうちカフェしぇ・あん」／24.京都府・カフェ「ろじうさぎ」／25.三重県・カフェ「こはなカフェ」／26.茨城県・カフェ「ANTENNA」／27.沖縄県・食堂「ゆの家」／28.長崎県・レストラン「いとうレストラン」／29.長野県・食堂「来夢来人」／30.岡山県・カフェ「このゆびとまれ」

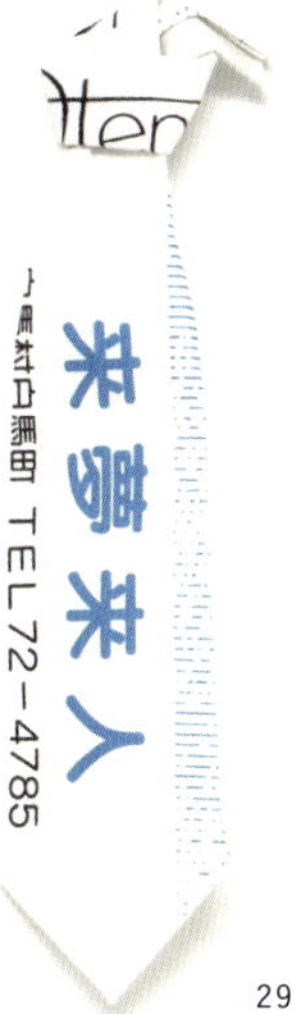

29.

27.

30.

28.

アクセサリー

JEWELRY

ダイヤモンドやルビーはついていないけど
大事な大事なアクセサリー。

1.

2.

3.

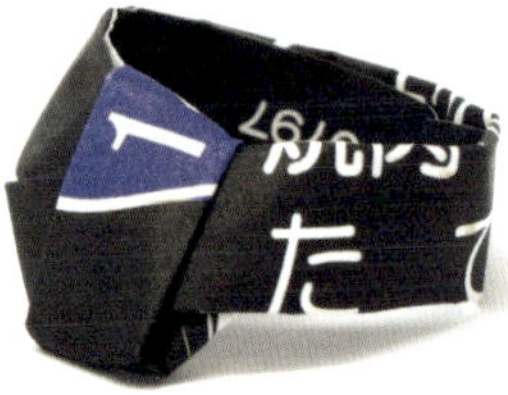

4.

5.

1. 神奈川県・多国籍料理屋「クーカイ」いろいろな形を一つずつパンチで開けている。 / 2. 北海道・洋食屋「小樽 Muse」/ 3. 愛知県・食堂「まあるいおさら」/ 4. 埼玉県・焼肉屋「たてがみ」/ 5. 長野県・食堂「来夢来人」/ 6. 山形県・居酒屋「大山」/ 7. 兵庫県・居酒屋「へっついさん」/ 8. 岡山県・焼肉屋「千屋牛」/ 9. 徳島県・食堂「totto79」/ 10. 富山県・カフェ「One plate」/ 11. 愛知県・食堂「まあるいおさら」/ 12. 岩手県・うどん屋「みししっぴ饂飩」/ 13. 岡山県・カフェ「このゆびとまれ」/ 14. 愛知県・食堂「まあるいおさら」

6.

9.

8.

7.

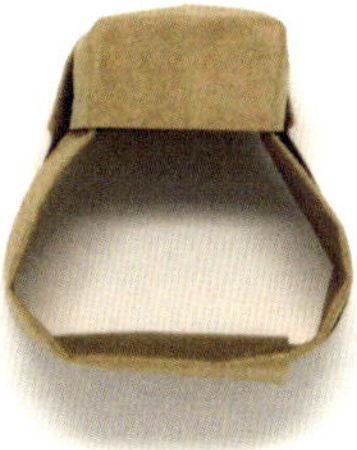
12.

11.

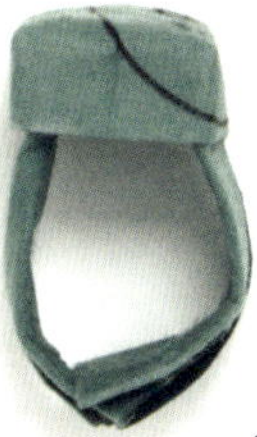
10.

14.

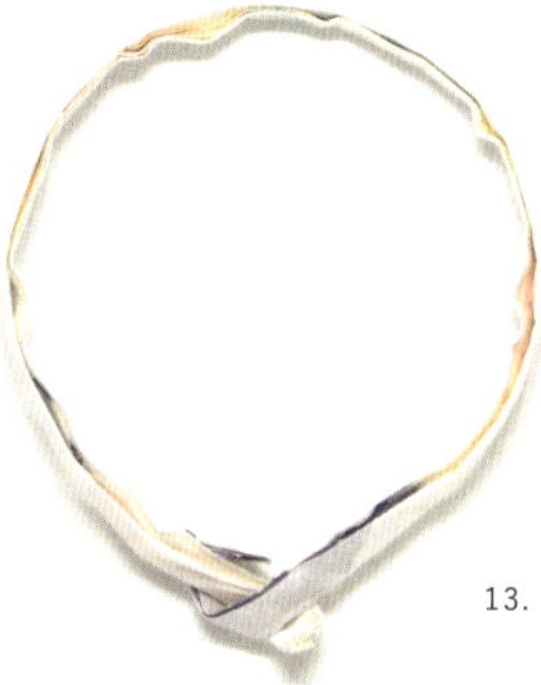
13.

お面
MASK

今日一日、違う動物に変身するのはどうだろう。

1.

2.

3.

4.

5.

6.

7.

8.

9.

10.

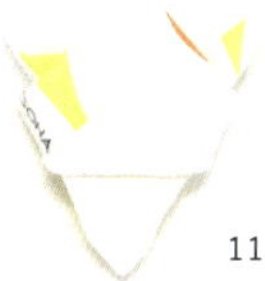

11.

12.

13.

14.

15.

16.

1. 沖縄県・食堂「ゆの家」/ 2. 奈良県・しゃぶしゃぶ屋「松山」/ 3. 三重県・カフェ「こはなカフェ」/ 4. 岡山県・カフェ「このゆびとまれ」/ 5. 栃木県・ラーメン屋「いかり」/ 6.、7. 長崎県・レストラン「いとうレストラン」/ 8. 静岡県・居酒屋「串かつクシゾー」/ 9. 愛知県・食堂「まあるいおさら」/ 10. 岩手県・うどん屋「みしっぴ饂飩」/ 11. 三重県・カフェ「こはなカフェ」/ 12. 群馬県・喫茶店「パーラーレストランモモヤ」/ 13. 福井県・食堂「お食事処しもむら」/ 14. 愛知県・食堂「まあるいおさら」/ 15. 徳島県・食堂「totto79」/ 16. 新潟県・居酒屋「まんぜん」

鶴と亀

CRANE & TURTLE

鶴は千年。亀は万年。
長寿の象徴として、祝いの席でも
よく見かける縁起物。

1.

2.

3.

4.

5.

6.

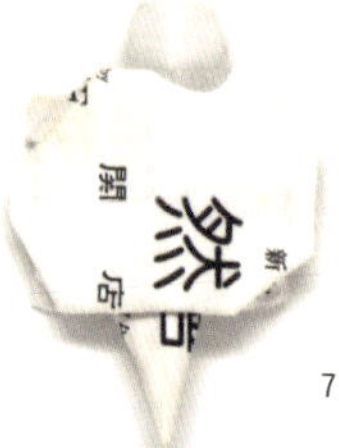

7.

8.

9.

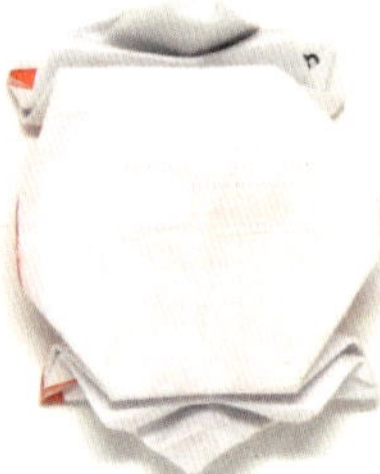

10.

11.

12.

13.

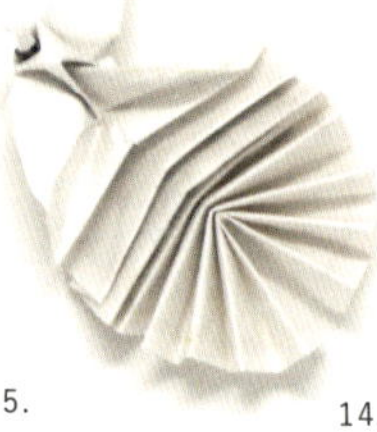

14.

15.

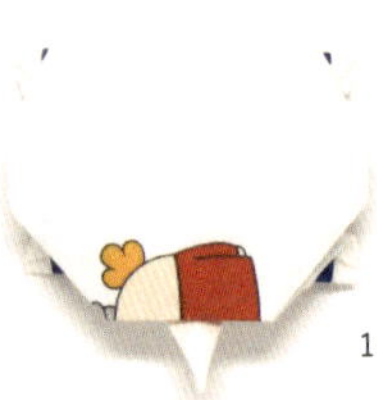

16.

17.

18.

19.

20.

1. 奈良県・食堂「おてんがら」/ 2. 和歌山県・居酒屋「ご飯とお酒咲吉」/ 3. 宮城県・居酒屋「白雪」/ 4. 栃木県・定食屋「喜楽食堂」/ 5. 青森県・居酒屋「蔵八」/ 6. 北海道・洋食屋「小樽 Muse」/ 7. 岐阜県・薬膳料理屋「然の膳」/ 8. 山形県・居酒屋「大山」/ 9. 福井県・そば屋「だいこん舎」/ 10. 広島県・食堂「ドライブイン灘」/ 11. 岐阜県・ハンバーグ屋「楽房 洋 HIRO」/ 12. 茨城県・カフェ「ANTENNA」/ 13. 三重県・カフェ「こはなカフェ」/ 14. 岐阜県・薬膳料理屋「然の膳」/ 15. 奈良県・食堂「里」/ 16. 島根県・カフェ「Cafe&Rest FAVORI」/ 17. 北海道・洋食屋「小樽 Muse」/ 18. 埼玉県・焼肉屋「たてがみ」/ 19. 東京都・ラーメン屋「紋郎」/ 20. 沖縄県・食堂「ゆの家」/ 21. 岐阜県・薬膳料理屋「然の膳」/ 22. 北海道・洋食屋「小樽 Muse」/ 23. 岐阜県・ハンバーグ屋「楽房 洋 HIRO」/ 24. 石川県・うどん屋「タマリバかんすけ」/ 25. 佐賀県・あんこ屋「夜のあんこ屋よなよな」/ 26. 愛知県・食堂「まあるいおさら」/ 27. 栃木県・ラーメン屋「いかり」/ 28. 宮城県・居酒屋「白雪」/ 29. 愛知県・洋食屋「カフェ& キッチン タツミ」/ 30. 鹿児島県・食堂「霧島峠茶屋」/ 31. 石川県・居酒屋「ミッドナイトキッチン ZOO」/ 32. 佐賀県・あんこ屋「夜のあんこ屋よなよな」/ 33. 東京都・居酒屋「酒ト飯イイダ」/ 34. 高知県・レストラン「ゆず庵」/ 35. 静岡県・居酒屋「串かつクシゾー」/ 36. 岐阜県・薬膳料理屋「然の膳」/ 37. 北海道・焼肉屋「焼肉亭サム」

扇

FAN

めでたい形として、柄や模様などでもよく見かける。
涼んだり、舞ったり、飾ったり。昔は恋文が書かれたりもした。

1.

2.

3.

5.

4.

7.

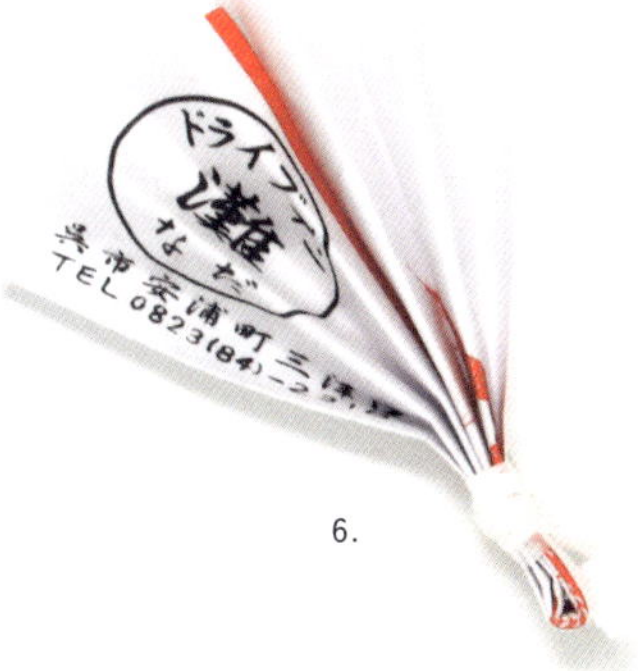

6.

8.

10.

9.

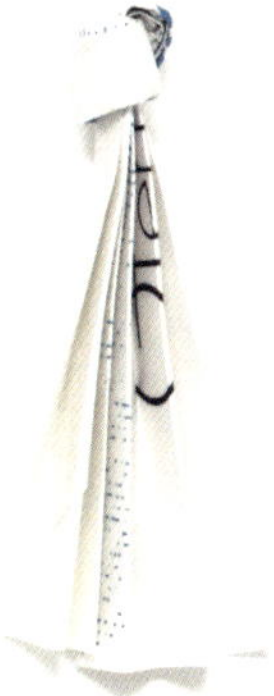

12.

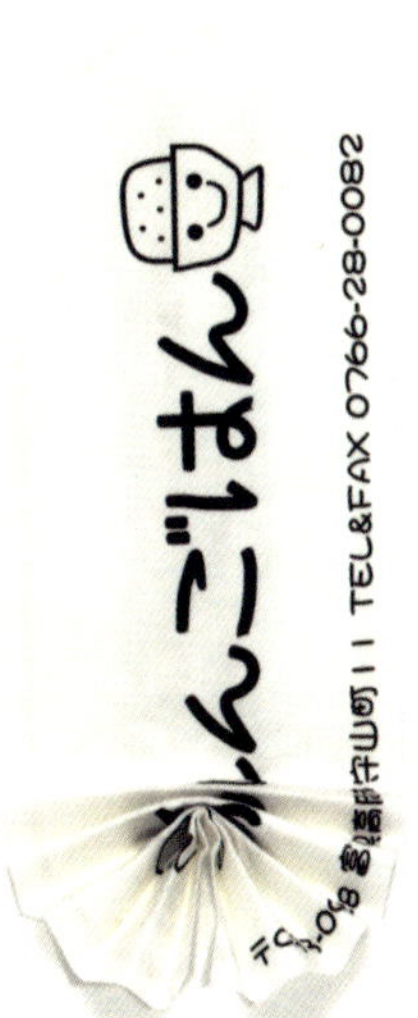

13.

11.

1. 新潟県・そば屋「越後へぎそば処 粋や」/ 2. 三重県・カフェ「こはなカフェ」/ 3. 熊本県・居酒屋「花鼓」店員さんが一点ずつ手作業で、花をテーマにコラージュ / 4. 山梨県・カフェ「明治学校」/ 5. 島根県・居酒屋「郷」/ 6. 広島県・食堂「ドライブイン灘」/ 7. 北海道・焼肉屋「焼肉亭サム」/ 8. 島根県・カフェ「Room+」/ 9. 岐阜県・食堂「大福屋」/ 10. 愛知県・洋食屋「カフェ & キッチン タツミ」/ 11. 茨城県・中華料理屋「萬福」/ 12. 長野県・食堂「来夢来人」/ 13. 富山県・総菜屋「あんしんごはん」

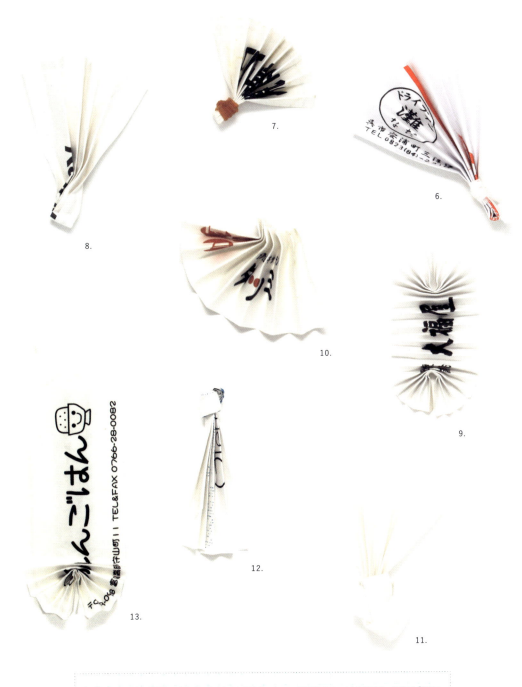

干支

ETO (Japanese Zodiac)

日本人の暮らしに欠かせない十二の動物たち。

子.

丑.

虎.

卯.

卯.

辰.

巳.

巳.

未.

午.

午.

酉.

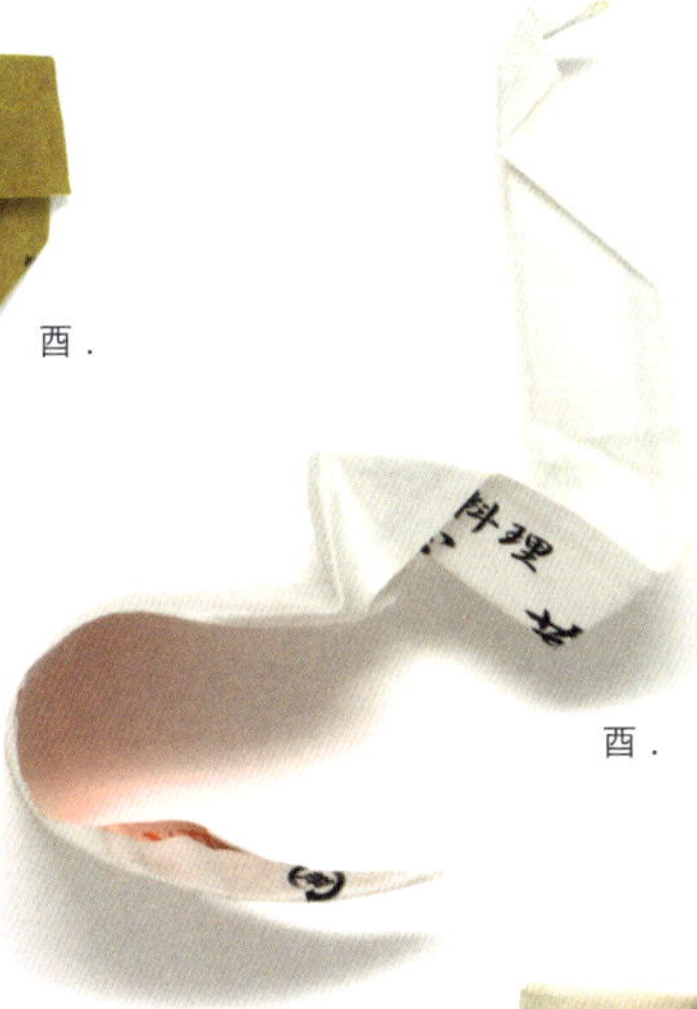

酉.

申.

亥.

戌.

子.岐阜県・薬膳料理屋「然の膳」/丑.福井県・食堂「お食事処しもむら」/虎.大分県・定食屋「とら吉」/卯(右).愛知県・食堂「まあるいおさら」/卯(左).岐阜県・ハンバーグ屋「楽房 洋 HIRO」/辰.広島県・食堂「ドライブイン灘」/巳(右).沖縄県・食堂「ゆの家」/巳(左).佐賀県・あんこ屋「夜のあんこ屋よなよな」/午(上).島根県・カフェ「Room+」/午(下).三重県・カフェ「こはなカフェ」/未.群馬県・食堂「新洋亭」/申.愛知県・食堂「まあるいおさら」/酉(右).京都府・中華料理屋「盛華亭」/酉(左).長野県・沖縄料理屋「OKINAWA KITCHEN」/戌.山梨県・お好み焼き屋「ぱんじゃ」/亥.鹿児島県・居酒屋「座・寿鈴」

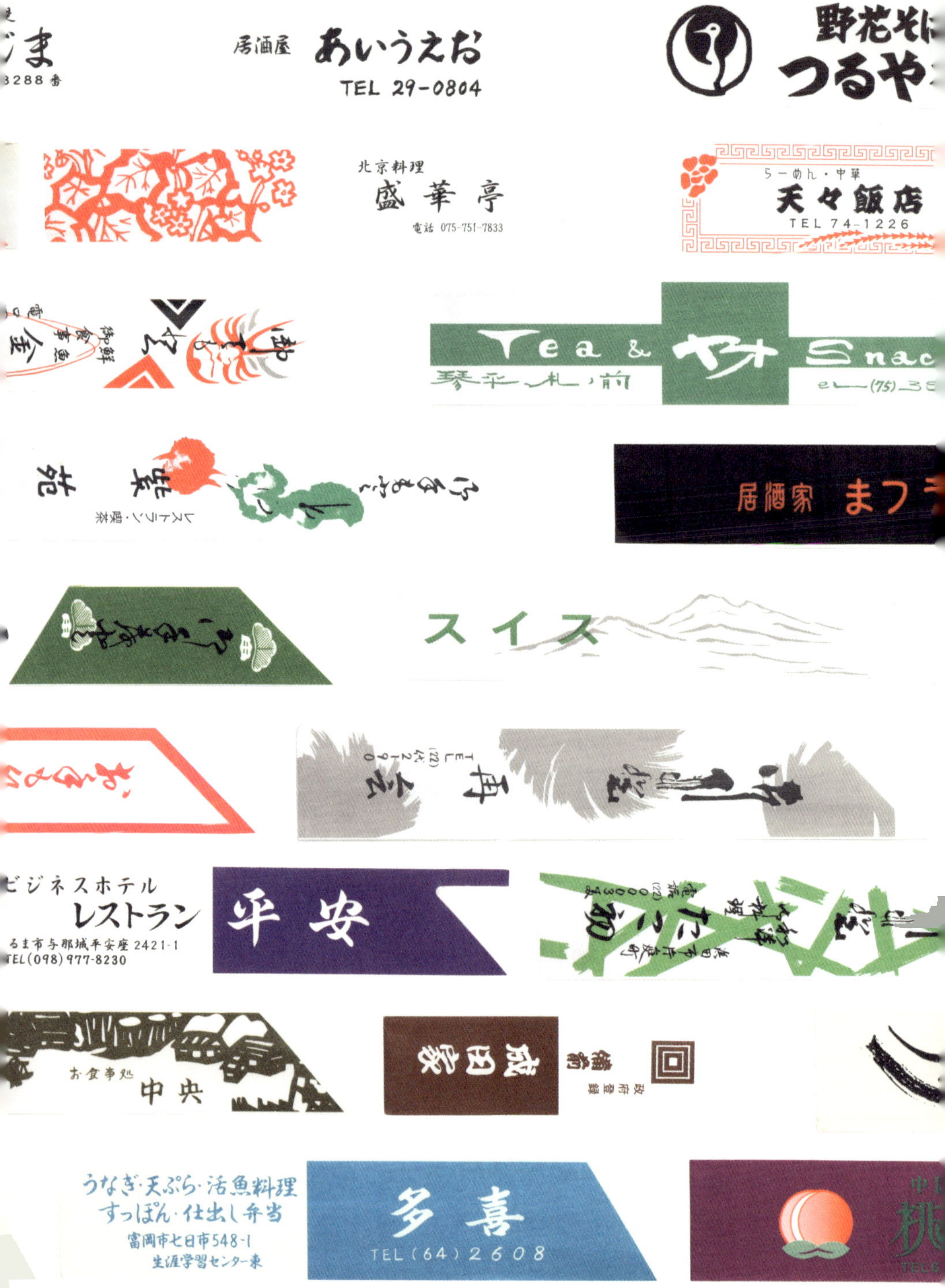

居酒屋 あいうえお
TEL 29-0804
北京料理
盛華亭
電話 075-751-7833
らーめん・中華
天々飯店
TEL 74-1226
Tea &
レストラン・喫茶
居酒家 まつ
スイス
ビジネスホテル
レストラン
平安
TEL(098)977-8230
お食事処
中央
成田家
備前
政府登録
うなぎ・天ぷら・活魚料理
すっぽん・仕出し弁当
富岡市七日市548-1
生涯学習センター東
多喜
TEL(64)2608

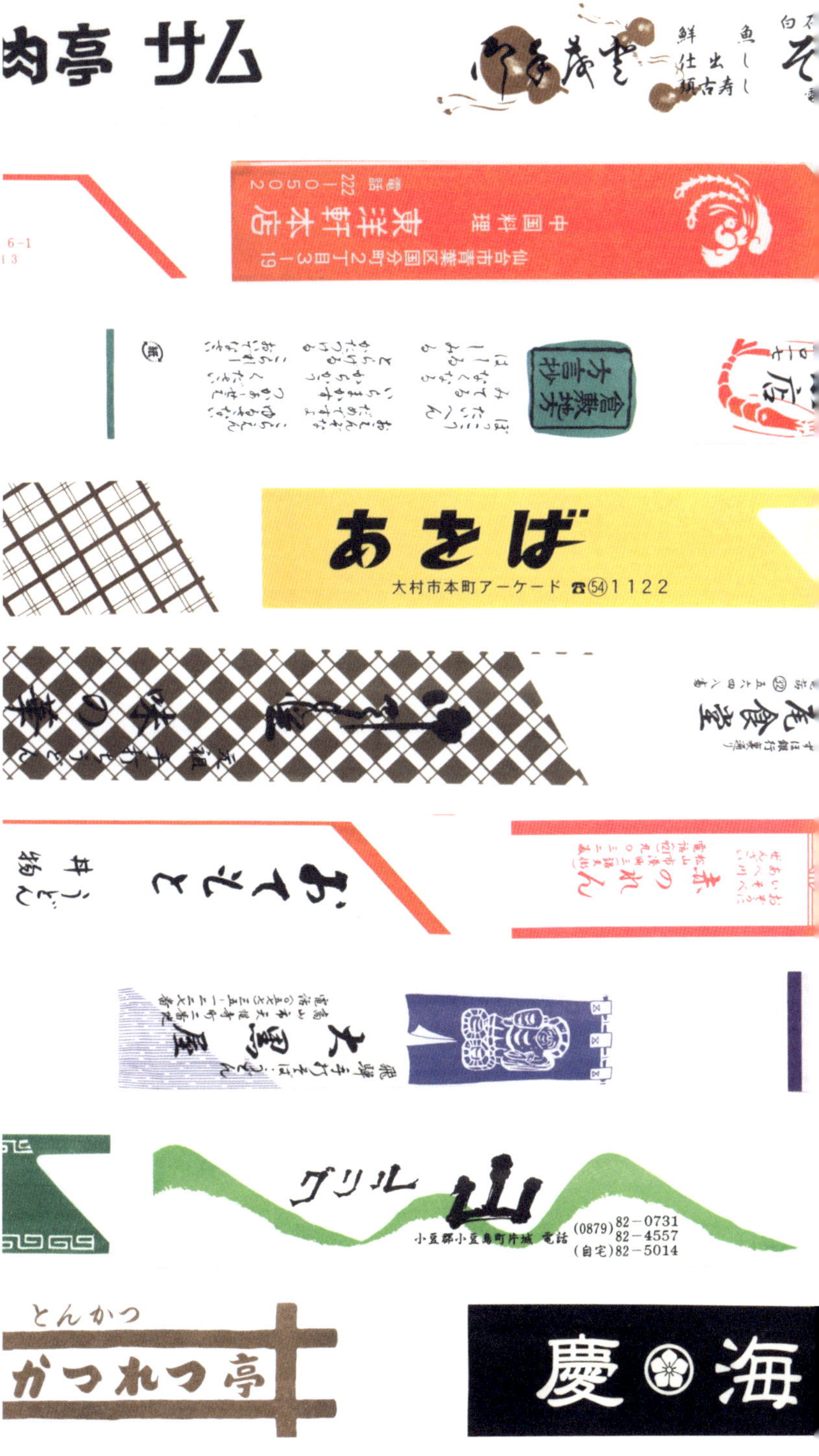

箸休め・いろいろな箸袋

みつけたもの。いただいたもの。
箸袋にはたくさんの種類や大きさがある。色や柄もお店で様々。
ふらっと入ったお店の箸袋がかっこいいと「お！ ここはきっと食べ物も美味しいだろうな」と、
つい期待してしまう。

グリル 中村屋
名代とんかつ かつぱ
くらしき・えびすどうり・でんわ422-0440
泉成寿司
中華料理
さんふらわあ
新天町 花うめ 天神地下街
商標登録
レストラン ビア・ジョリー
おてもと
鹿島市辻町 中村鮮魚店
電話(63)4089
音喜
寿司 鍋物一式 日本海
焼肉冷麺
ビーフン 東 AZUMA
ふる里
居酒屋 喜遊

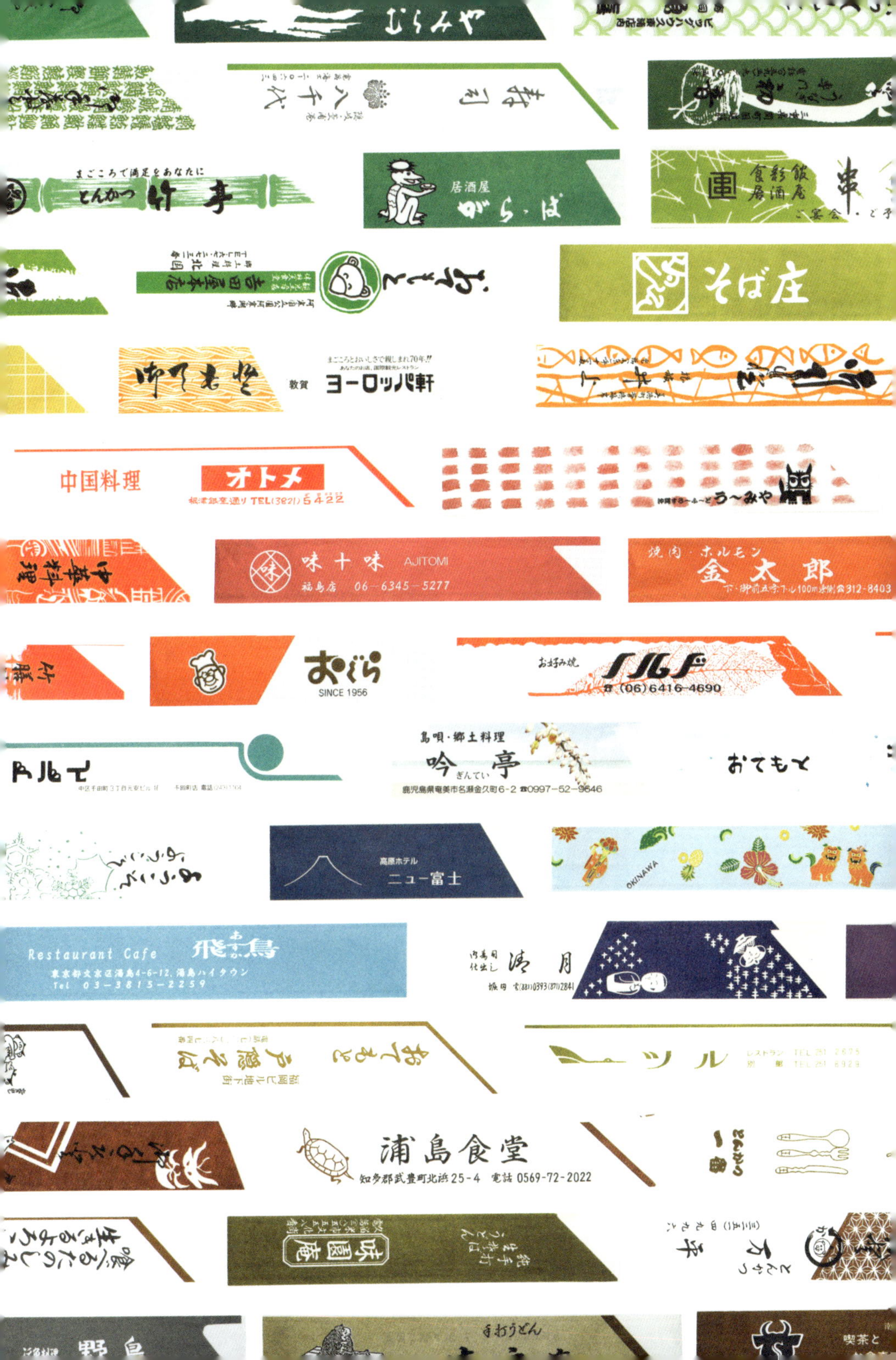

むらみや
まごころで満足をあなたに
とんかつ 竹亭
居酒屋
食彩飯 居酒屋
ご宴会・ご予
そば庄
まごころとおいしさで親しまれ70年!!
あなたのお店、国際観光レストラン
敦賀 ヨーロッパ軒
中国料理
オトメ
根津銀座通り TEL(3821)5422
う〜みや
味十味 AJITOMI
福島店 06−6345−5277
焼肉・ホルモン
金太郎
おぐら
SINCE 1956
お好み焼
☎(06)6416-4690
島唄・郷土料理
吟亭
ぎんてい
鹿児島県奄美市名瀬金久町6-2 ☎0997-52-9646
おてもと
高原ホテル
ニュー富士
OKINAWA
Restaurant Cafe
飛鳥
東京都文京区湯島4-6-12, 湯島ハイタウン
Tel 03-3815-2259
ツル
浦島食堂
知多郡武豊町北浜25-4 電話 0569-72-2022
手打うどん
喫茶と

花
FLOWER

花の歌が聞こえてくる。
まるで合唱しているようだ。

1. 2. 3. 4. 5. 6. 7. 8. 9.

10.

12.

11.

13.

15.

14.

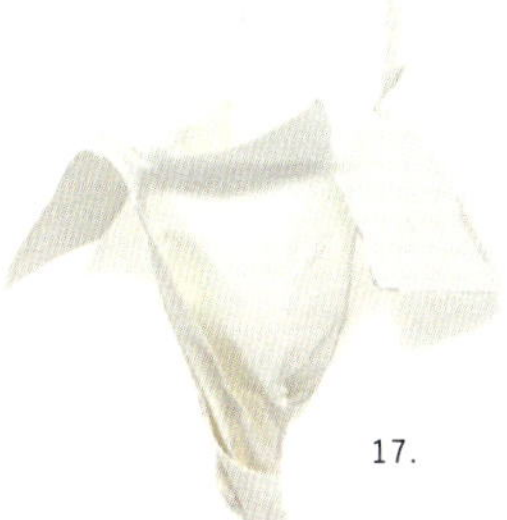

17.

16.

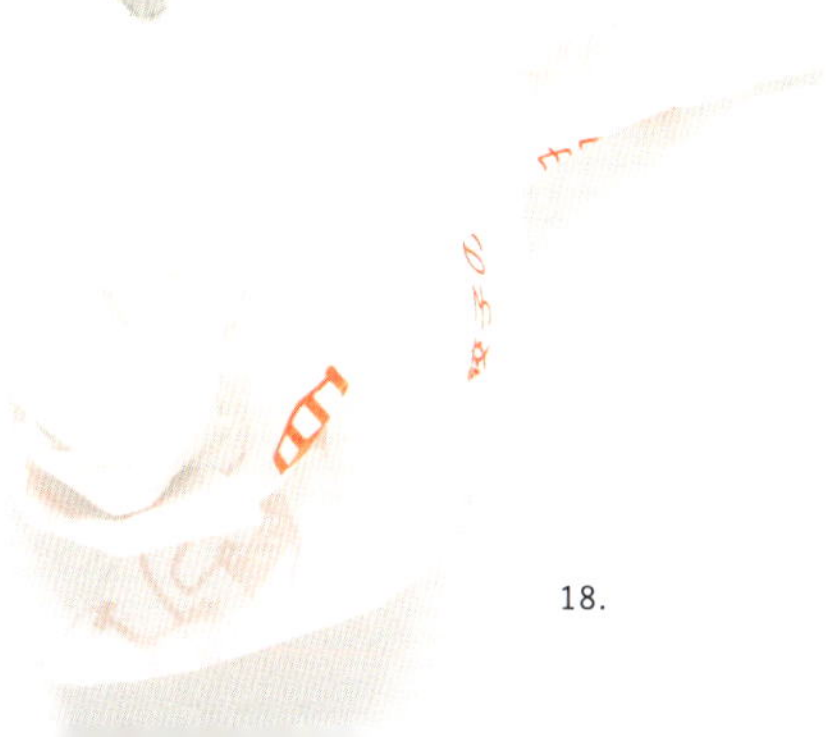

18.

21.

20.

19.

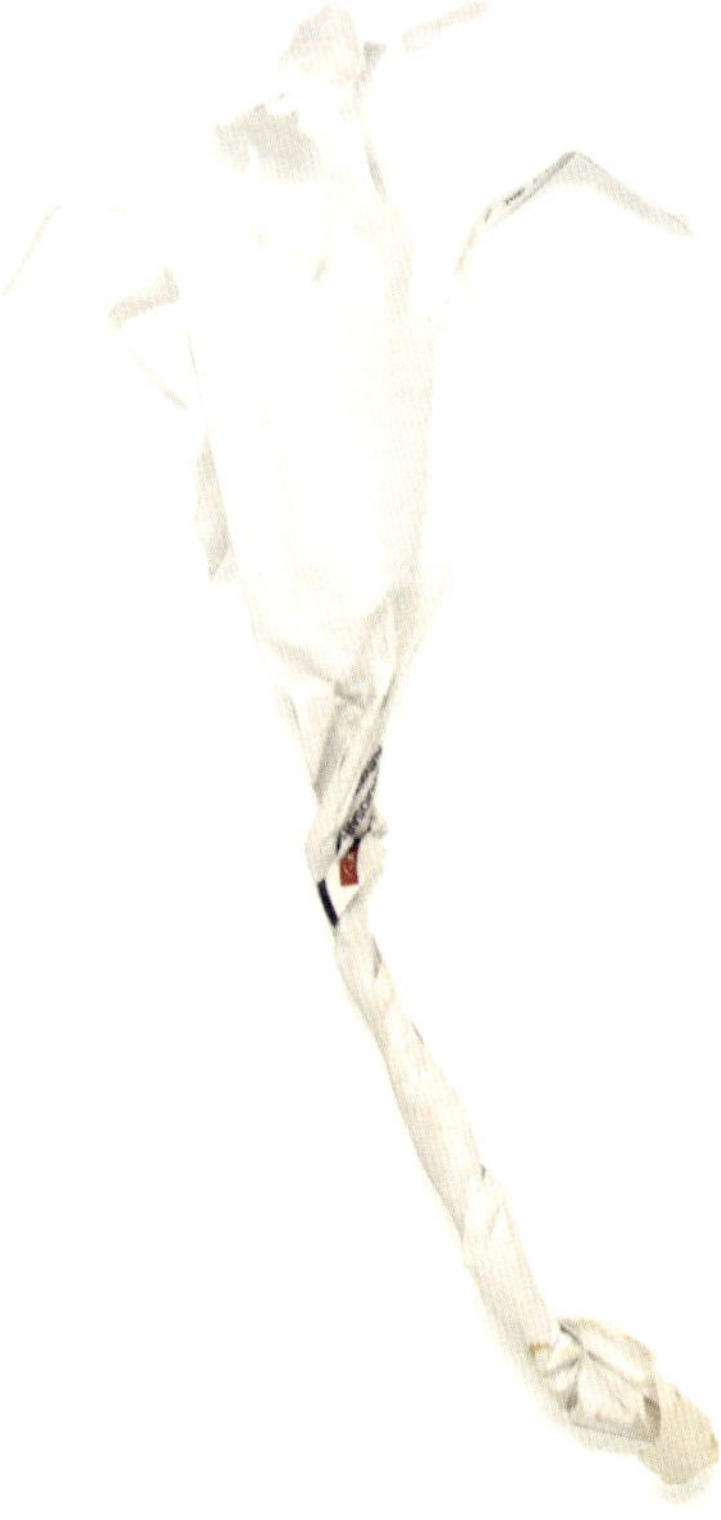

24.

23.

22.

26.

25.

28.

27.

1. 島根県・カフェ「蔵庭 I KURANIWA」/ 2. 和歌山県・居酒屋「ご飯とお酒咲吉」/ 3. 兵庫県・居酒屋「へっついさん」/ 4. 岩手県・うどん屋「みししっぴ饂飩」/ 5. 高知県・レストラン「ゆず庵」/ 6. 山形県・居酒屋「大山」/ 7. 青森県・カフェ「ハピたのかふぇ」/ 8. 長崎県・レストラン「いとうレストラン」/ 9. 島根県・スナック「四季」/ 10. 岐阜県・ハンバーグ屋「楽房 洋 HIRO」/ 11. 奈良県・焼鳥屋「焼鳥望月」/ 12. 福島県・そば屋「そばさだ」/ 13. 広島県・食堂「ドライブイン灘」/ 14. 長崎県・レストラン「いとうレストラン」/ 15. 岡山県・カフェ「このゆびとまれ」/ 16. 愛知県・食堂「まあるいおさら」/ 17. 徳島県・食堂「totto79」/18. 島根県・中華料理屋「龍鳳」/ 19. 石川県・居酒屋「ミッドナイトキッチン ZOO」/ 20. 長野県・沖縄料理屋「OKINAWA KITCHEN」/ 21. 岡山県・カフェ「このゆびとまれ」/ 22. 三重県・居酒屋「まっさん」/ 23. 栃木県・ラーメン屋「いかり」/ 24. 愛知県・食堂「まあるいおさら」/ 25. 広島県・食堂「ドライブイン灘」/ 26.、27. 岐阜県・ハンバーグ屋「楽房 洋 HIRO」/ 28. 長野県・居酒屋「きっちょんちょん」

ぐるぐるギザギザ

CIRCULAR & JAGGED

ぼーっとしたり、考えたり。
いろんな気分から生まれた形。

1.

2.

3.

4.

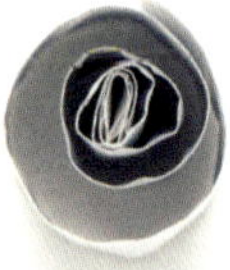
5.

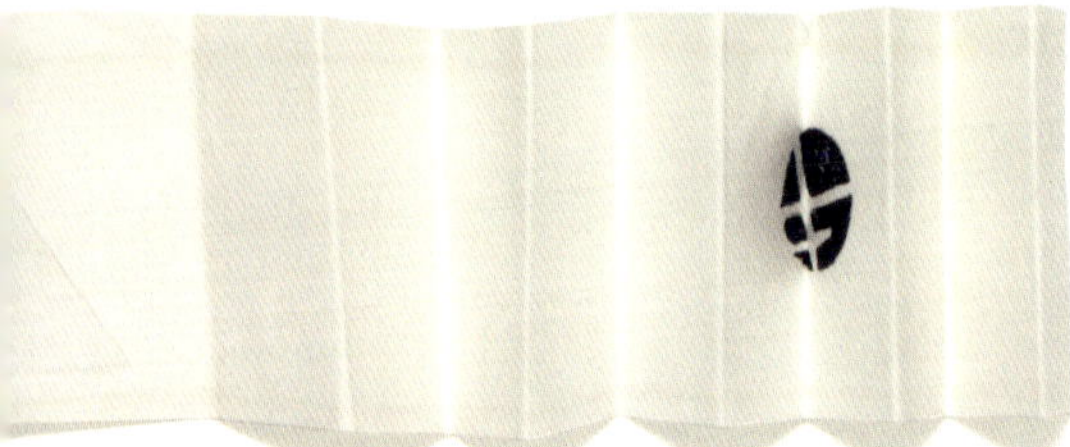
6.

7.

8.

11.

10.

9.

12.

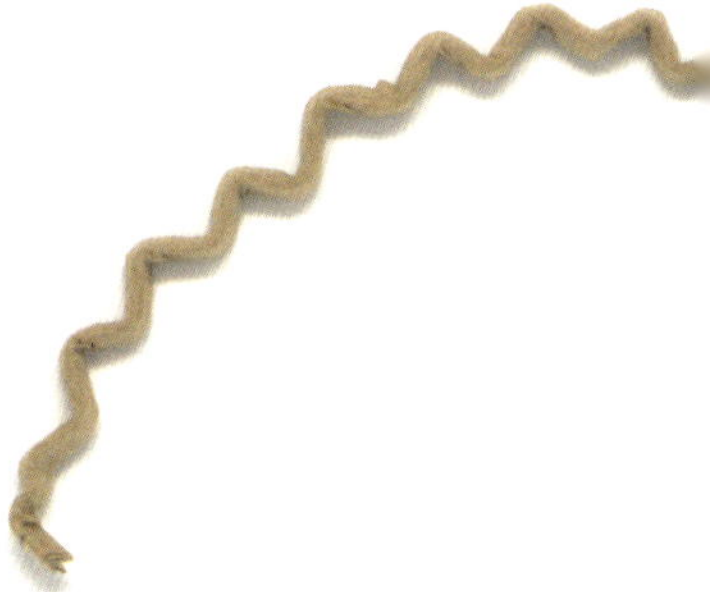

13.

1. 石川県・居酒屋「ミッドナイトキッチン ZOO」/ 2. 山梨県・カフェ「仁田平マルシェ」/ 3. 香川県・食堂「Ben の台所」/ 4. 茨城県・そば屋「にのまえ」/ 5. 福井県・食堂「お食事処しもむら」/ 6. 山口県・カフェ「佐々木書店」/ 7. 岩手県・うどん屋「みししっぴ饂飩」/ 8. 愛知県・食堂「まあるいおさら」/ 9. 奈良県・焼鳥屋「焼鳥望月」/ 10. 三重県・喫茶店「グリーン & グリーン」/ 11. 埼玉県・焼肉屋「たてがみ」/ 12. 長野県・そば屋「岳家」/ 13. 和歌山県・喫茶店「かえりみちのブルー珈琲」/ 14. 神奈川県・海鮮料理屋「釣游亭」/ 15. 群馬県・寿司屋「浜昭」

15.

14.

丸三角四角
CIRCLE, TRIANGLE, SQUARE

探してみよう。家の中にも、町の中にも、森の中にもたくさん隠れている。

2.

1.

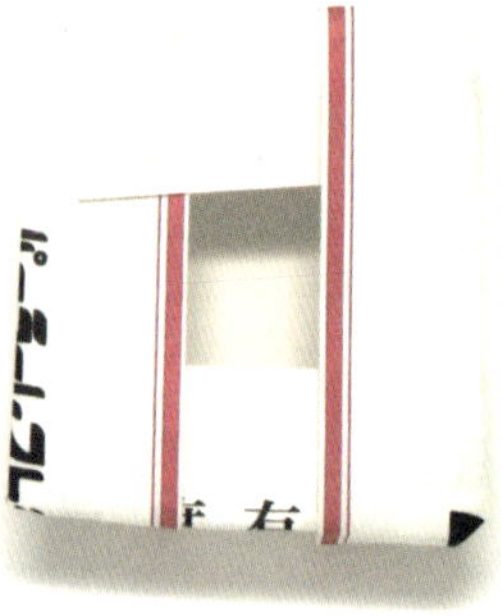

5.

4.

3.

7.

6.

8.

9.

11.

10.

15.

14.

13.

12.

20.

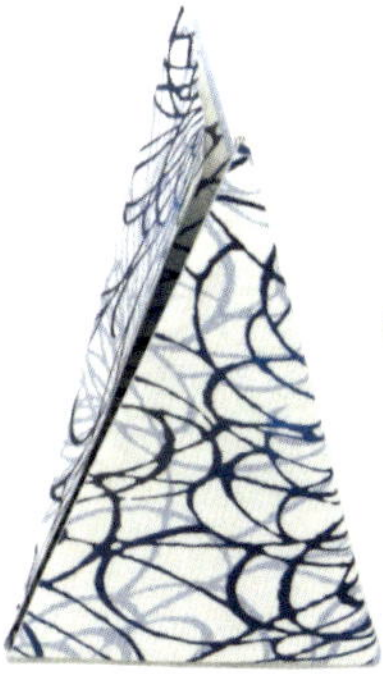

19.

17.

16.

21.

18.

23.

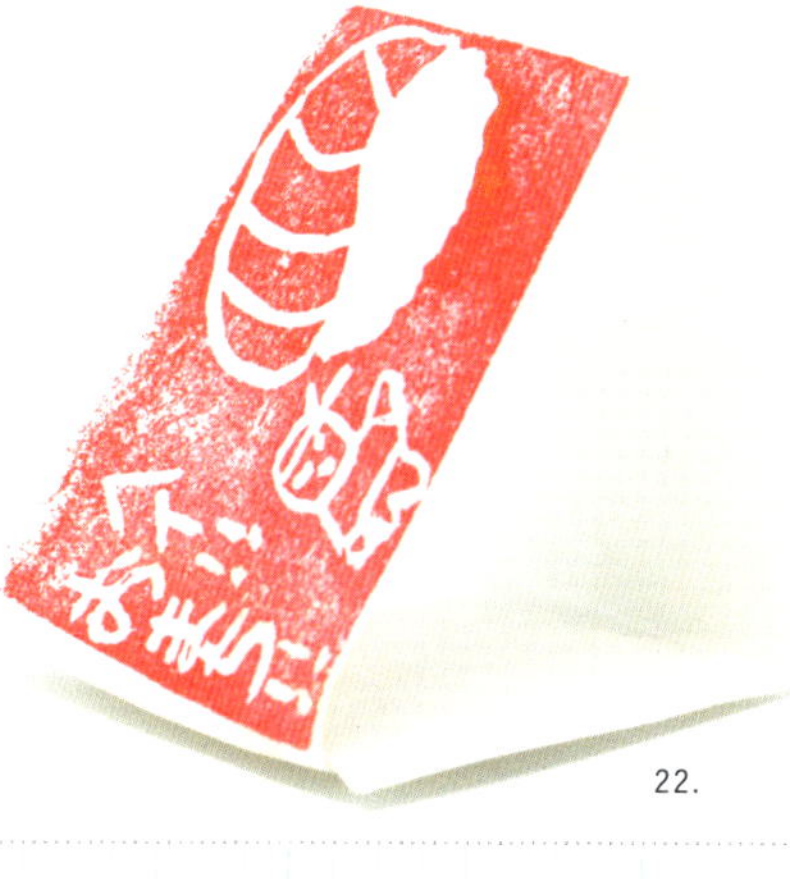

22.

1. 東京都・ラーメン屋「紋郎」/ 2.、3. 岩手県・うどん屋「みししっぴ饂飩」/ 4. 岐阜県・ハンバーグ屋「楽房 洋 HIRO」/ 5. 群馬県・喫茶店「パーラーレストランモモヤ」/ 6. 岐阜県・食堂「大福屋」/ 7. 和歌山県・カフェ「THIRD CAFE」/ 8. 岡山県・焼肉屋「千屋牛」/ 9. 佐賀県・ラーメン屋「麺屋 Yokohama」/ 10. 愛知県・バー「やん BAR」/ 11. 三重県・カフェ「こはなカフェ」/ 12. 山梨県・カフェ「明治学校」/ 13. 高知県・居酒屋「がしら亭」/ 14. 鹿児島県・食堂「霧島峠茶屋」/ 15. 長野県・そば屋「岳家」/ 16. 福井県・食堂「お食事処しもむら」/ 17. 大分県・定食屋「とら吉」/ 18. 山形県・居酒屋「大山」/ 19. 北海道・洋食屋「小樽 Muse」/ 20. 佐賀県・割烹料理屋「割烹中央」/ 21. 長崎県・レストラン「いとうレストラン」/ 22. 群馬県・寿司屋「浜昭」息子さんが描いた絵をハンコにして押している / 23. 長野県・食堂「来夢来人」

柄
PATTERN

お店の柄や文字、色を頼りに、
折ったり・ちぎったり・ねじったり。

1.

2.

3.

4.

5.

6.

8.

7.

9.

10.

11.

1. 島根県・カフェ「Cafe&Rest FAVORI」/ 2. 大分県・定食屋「とら吉」/ 3. 三重県・カフェ「こはなカフェ」/ 4. 群馬県・喫茶店「パーラーレストランモモヤ」/ 5. 埼玉県・焼肉屋「たてがみ」/ 6. 佐賀県・ラーメン屋「麺屋 Yokohama」/ 7. 埼玉県・寿司屋「大國鮨」店主自ら魚の絵と説明を描いている / 8. 島根県・中華料理屋「龍鳳」/ 9. 鹿児島・多国籍料理「Gouter」/ 10. 長野県・そば屋「岳家」/ 11. 広島県・食堂「ドライブイン灘」

4.

2.

1.

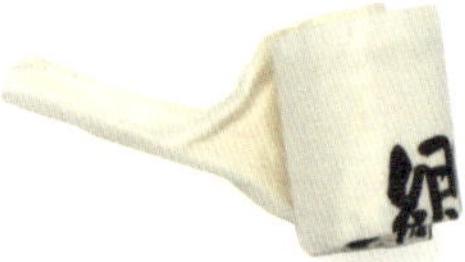

3.

?

UNKNOWN

これはなんだろう。
答えはわからないけれど、
何かには見える。

6.

5.

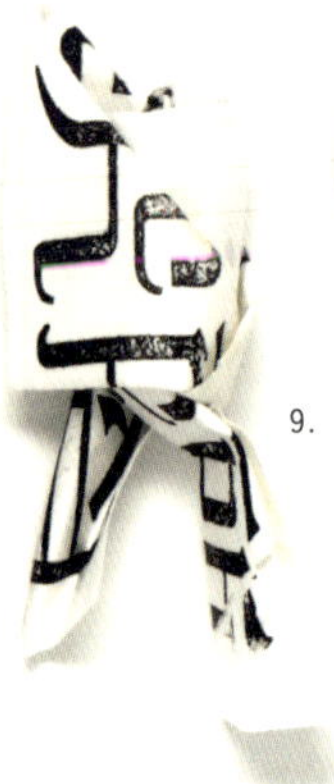

9.

8.

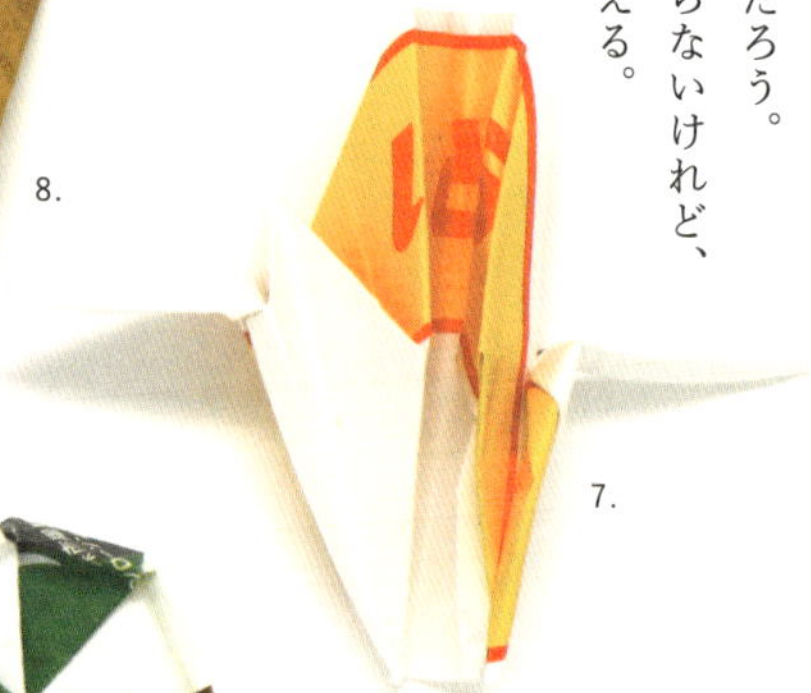

7.

10.

12.

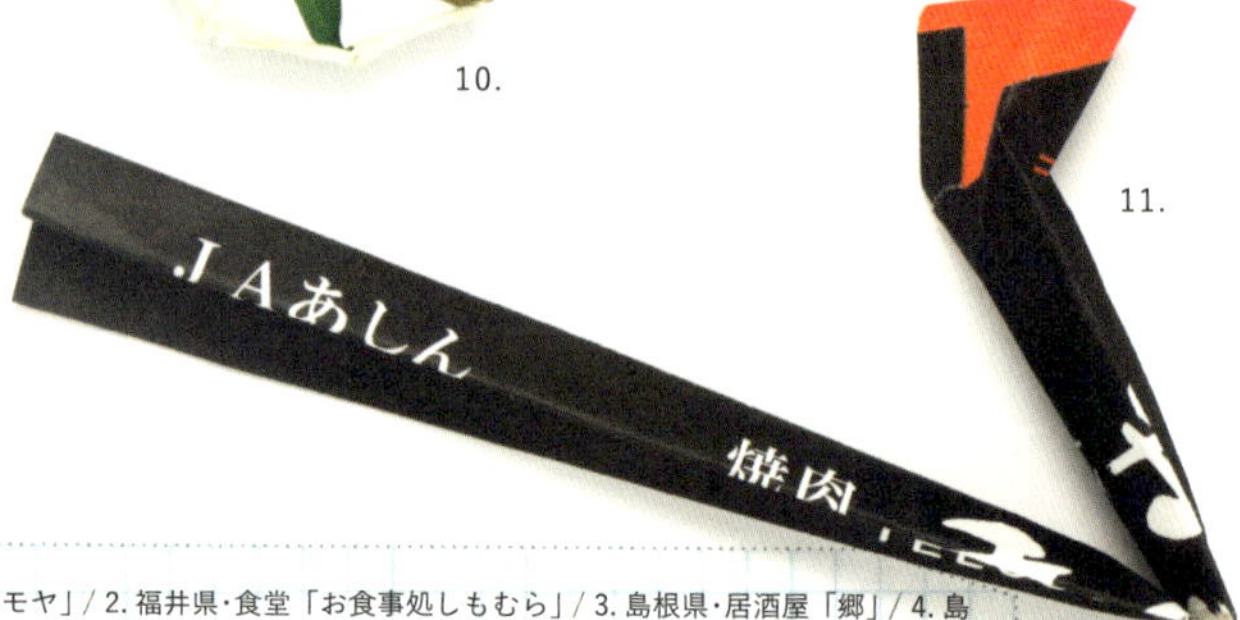

11.

1. 群馬県・喫茶店「パーラーレストランモモヤ」/ 2. 福井県・食堂「お食事処しもむら」/ 3. 島根県・居酒屋「郷」/ 4. 島根県・居酒屋「紺屋」/ 5. 埼玉県・寿司屋「大國鮨」/ 6. 大阪府・ラーメン屋「麺匠慶次」/ 7. 島根県・中華料理屋「龍鳳」/ 8. 広島県・食堂「食堂研究所」/ 9. 長崎県・レストラン「いとうレストラン」/ 10. 青森県・居酒屋「蔵八」/ 11. 岡山県・焼肉屋「千屋牛」/ 12. 福岡県・食堂「なかよしこよし」

13. 山梨県・お好み焼き屋「ぱんじゃ」/ 14. 和歌山県・居酒屋「ご飯とお酒咲吉」/ 15. 島根県・居酒屋「郷」/ 16. 岩手県・うどん屋「みししっぴ饂飩」/ 17. 高知県・レストラン「ゆず庵」/ 18. 山梨県・カフェ「仁田平マルシェ」/ 19. 宮城県・居酒屋「白雪」/ 20. 島根県・スナック「四季」/ 21. 東京都・ラーメン屋「紋郎」/ 22. 長野県・そば屋「岳家」/ 23. 鳥取県・カフェ「HOME8823」/ 24. 石川県・豆腐料理屋「源右ェ門」/ 25. 山梨県・食堂「村松物産店」

ハート

HEART

ハートという形ができる前は、どんな形で愛を伝えていたのだろう。

1. 2. 3. 4. 5. 6. 7. 8. 9. 10. 11. 12.

16.

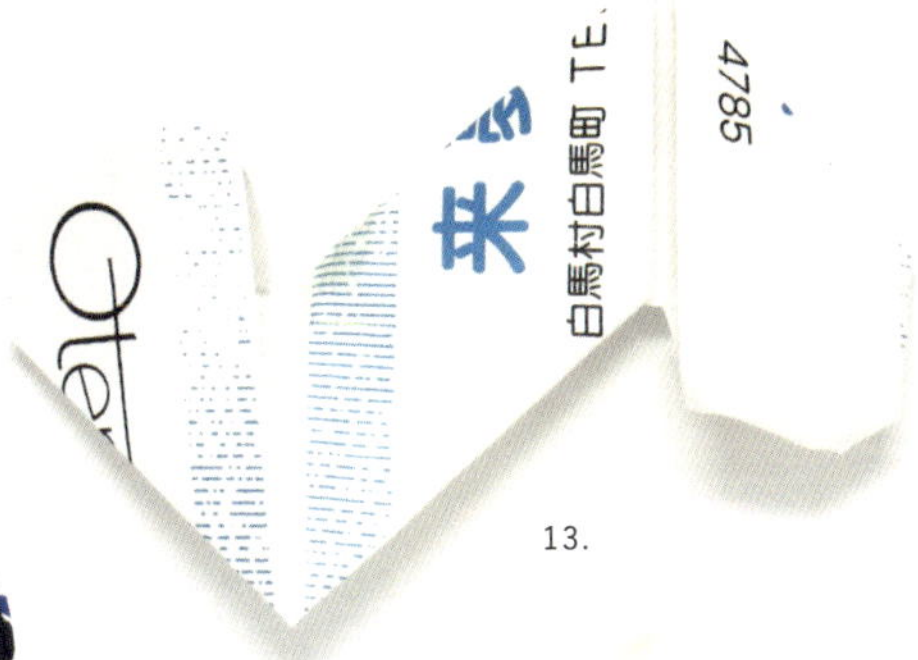

13.

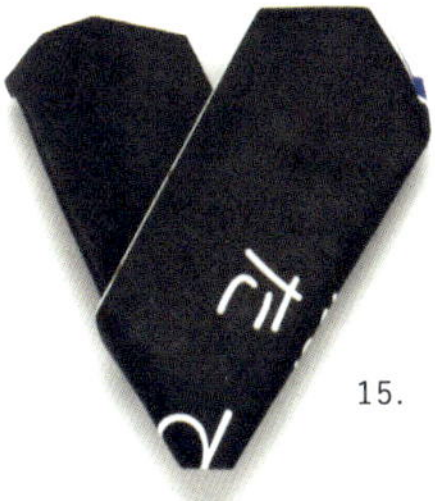

15.

14.

20.

18.

17.

19.

23.

22.

21.

1. 山形県・居酒屋「大山」/ 2. 佐賀県・あんこ屋「夜のあんこ屋よなよな」/ 3. 愛知県・食堂「まあるいおさら」/ 4. 広島県・食堂「ドライブイン灘」/ 5. 栃木県・ラーメン屋「いかり」/ 6. 石川県・居酒屋「ミッドナイトキッチン ZOO」/ 7. 北海道・焼肉屋「焼肉亭サム」/ 8. 愛知県・食堂「まあるいおさら」/ 9. 長野県・食堂「来夢来人」/ 10. 福井県・お好み焼き屋「よしな」/ 11. 高知県・レストラン「ゆず庵」/ 12.. 岡山県・カフェ「このゆびとまれ」/ 13. 長野県・食堂「来夢来人」/ 14. 神奈川県・海鮮料理屋「釣游亭」/ 15. 埼玉県・焼肉屋「たてがみ」/ 16. 山梨県・カフェ「仁田平マルシェ」/ 17. 三重県・カフェ「こはなカフェ」/ 18.、19. 青森県・居酒屋「蔵八」/ 20. 東京都・ラーメン屋「紋郎」/ 21. 岐阜県・薬膳料理屋「然の膳」/ 22. 島根県・カフェ「Room+」/ 23. 佐賀県・あんこ屋「夜のあんこ屋よなよな」

佐賀県・あんこ屋「夜のあんこ屋よなよな」

大 BIG

なんと、全長 140 センチ！

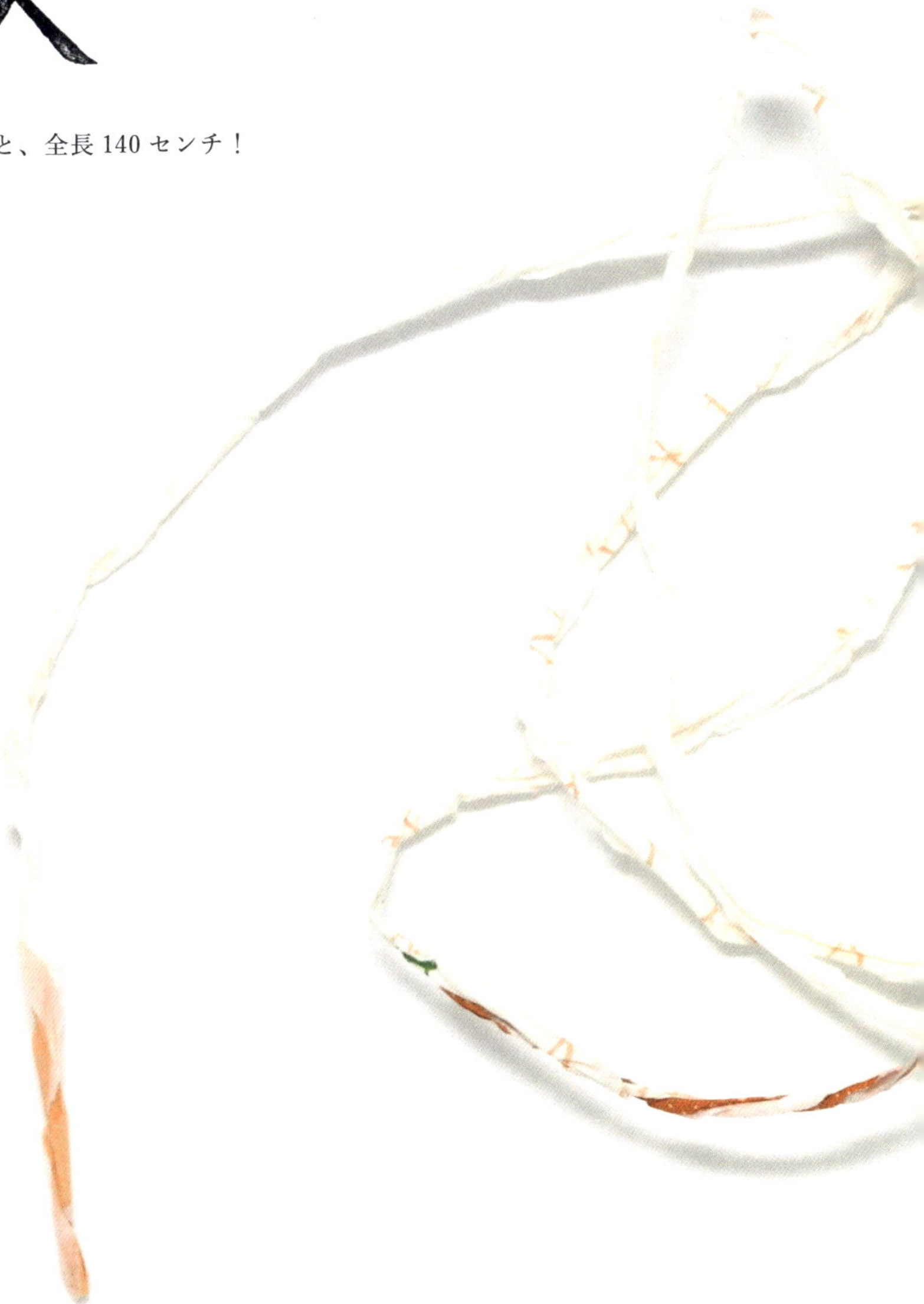

小

SMALL

米粒より小さいものもあった！

1.

2.

3.

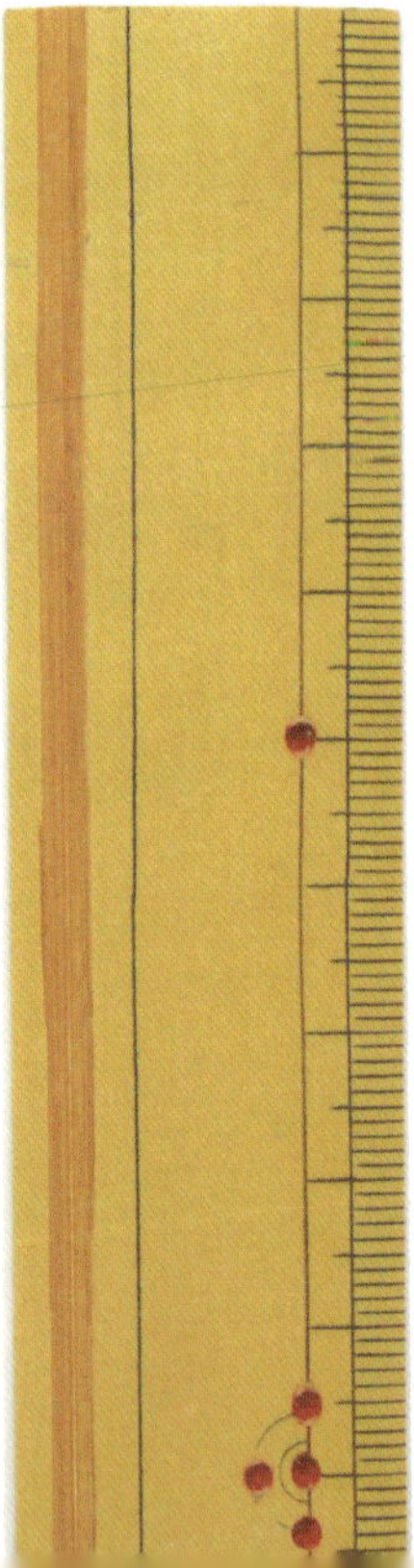

7.

4.

6.

5.

8.

10.

9.

11.

12.

14.

15.

13.

1. 岐阜県・ハンバーグ屋「楽房 洋 HIRO」/ 2. 三重県・居酒屋「まっさん」/ 3. 岩手県・うどん屋「みししっぴ餛飩」/ 4. 山形県・居酒屋「大山」/ 5. 沖縄県・イタリア料理屋「torico」/ 6. 和歌山県・居酒屋「ご飯とお酒咲吉」/ 7. 山形県・居酒屋「大山」/ 8. 北海道・洋食屋「小樽 Muse」/ 9. 富山県・カフェ「One plate」/ 10. 佐賀県・あんこ屋「夜のあんこ屋よなよな」/ 11.、12. 茨城県・中華料理屋「萬福」/ 13. 和歌山県・ハンバーグ屋「海岸通り」/ 14. 岡山県・カフェ「このゆびとまれ」/ 15. 岩手県・うどん屋「みししっぴ餛飩」/ 16. 鹿児島県・食堂「霧島峠茶屋」/ 17. 栃木県・定食屋「喜楽食堂」/ 18. 茨城県・中華料理屋「萬福」/ 19. 岡山県・焼肉屋「千屋牛」/ 20. 山形県・居酒屋「大山」/ 21. 和歌山県・居酒屋「ご飯とお酒咲吉」/ 22. 岐阜県・ハンバーグ屋「楽房 洋 HIRO」/ 23. 岩手県・うどん屋「みししっぴ餛飩」/ 24. 静岡県・そば屋「手打ち蕎麦 naru」/ 25. 広島県・食堂「ドライブイン灘」/ 26. 福井県・食堂「お食事処しもむら」/ 27. 山形県・居酒屋「大山」/ 28. 愛知県・食堂「まあるいおさら」/ 29. 茨城県・中華料理屋「萬福」/ 30.、31. 岐阜県・ハンバーグ屋「楽房 洋 HIRO」/ 32. 山梨県・カフェ「明治学校」/ 33. 岐阜県・ハンバーグ屋「楽房 洋 HIRO」/ 34. 三重県・カフェ「こはなカフェ」/ 35. 福井県・お好み焼き屋「よしな」/ 36. 東京都・ラーメン屋「紋郎」/ 37. 岐阜県・ハンバーグ屋「楽房 洋 HIRO」/ 38. 秋田県・カフェ「ガーデンカフェ & デリカ kimoto」/ 39. 富山県・カフェ「One plate」/ 40. 岐阜県・ハンバーグ屋「楽房 洋 HIRO」/ 41. 兵庫県・カフェ「knut」/ 42. 岐阜県・ハンバーグ屋「楽房 洋 HIRO」/ 43. 茨城県・中華料理屋「萬福」/ 44. 栃木県・ラーメン屋「いかり」/ 45. 山形県・とんかつ屋「おかめ食堂」/ 46 佐賀県・あんこ屋「夜のあんこ屋よなよな」/ 47. 京都府・中華料理屋「盛華亭」/ 48. 石川県・居酒屋「ミッドナイトキッチン ZOO」/ 49. 愛知県・食堂「まあるいおさら」/ 50. 静岡県・居酒屋「串かつクシゾー」/ 51. 岡山県・焼肉屋「千屋牛」/ 52. 富山県・カフェ「One plate」/ 53. 岡山県・焼肉屋「千屋牛」/ 54. 石川県・居酒屋「ミッドナイトキッチン ZOO」/ 55. 山形県・居酒屋「大山」/ 56. 奈良県・焼鳥屋「焼鳥望月」/ 57. 富山県・居酒屋「呑多喰」/ 58. 岡山県・カフェ「このゆびとまれ」/ 59. 佐賀県・ラーメン屋「麺屋 Yokohama」/ 60. 千葉県・バー「Villa」/ 61. 神奈川県・海鮮料理屋「釣游亭」/ 62. 岡山県・カフェバー「Sleep Smooth」/ 63. 佐賀県・あんこ屋「夜のあんこ屋よなよな」

19.
18.
17.
16.
22.
24.
23.
21.
20.
28.
27.
26.
25.
32.
31.
30.
29.
36.
35.
37.
33.
34.
41.
42.
38.
40.
39.

46.
45.
44.
43.
51.
48.
50.
47.
52.
49.
55.
54.
53.
59.
58.
57.
56.
63.
60.
61.
62.

日本縦断、箸袋探しの旅

六月十日（金）晴れ

旅を始めて五十五日目。十番目の県・埼玉の狭山市に来ていた。昨日まで観光地川越市にいたので人の数、店の数が全然違う。いつも通りうろうろと箸袋を使っているお店を探す。

店が多いとどこに行ったらいいかわからなくなるが、少なすぎるのもこれまた困りものだ。ネットをつかって調べていると、魚の絵がたくさん描かれた箸袋を発見。新たなお店との出会いを求め、車を走らせる。

駅から離れたところにぽつんとある、町のお寿司屋さん。扉を開けると、

「いらっしゃい」

と大将が元気に迎えてくれた。常連さんだろうか、先客が一人。「何にしましょう！」と言われるが、回らない寿司屋に行きつけない私は、ドキドキしながらも安そうなネタの握りを二、三頼んだ。長居してしまうと、やばい……と焦るが、まずは店内の様子をうかがう。大将が気さくに話しかけてくださるので、思い切って「実は箸袋を見て来たんです」と切り出した。すると、箸袋目当てのお客さんなんて初めてだとすごくびっくりされる。そりゃそうか。

旅のこと、協力してくれるお店を探していることを話すと、とても興味を持ってくれた。こちらの箸袋、実は大将が描いたものだそうで、話はどんどん盛り上がる。十四種類もの魚の絵と説明がいっぱい。

こんなに愛情の込もった箸袋があるのかと、とても感激する。そして、お客さんがつくった箸袋の回収願いも「もちろん協力します」と快諾してくれたのだった。

「静岡はまだ行ってない？」と大将。この店で使っているわさびは、静岡の杉山さんという方が育てたものなのだそうで、静岡に行くときは連絡してみるといい、と紹介してくださった。

しばらく色々な話をして、楽しい時間だったなーと席を立とうとすると、なんと明日の朝ごはんにとかんぴょう巻きを持たせてくれたのだ。何度もお礼を言い、「また来ます！」と出発。

大将と奥さんは店の外まで出て来てくれて、見えなくなるまで見送ってくださった。素敵なお店に出会えて、今までの苦労がぜんぶ吹っ飛んだ。これで心おきなく千葉に向かうことができる。そして今日もどこか寝られる場所を探し、車中泊。おやすみなさい。

十月四日（火）曇り

旅を始めて一七一日目。二十二県目・静岡の浜松市に来ていた。この日もいつものように箸袋を使っている店を探しながら町をうろうろ。情報誌をチェックしたり、気になる店を見つけるたび、グルメサイトで投稿写真をチェックしたり……しかしなかなか見つからない。これじゃダメだと町の情報を知っていそうな雑貨屋さんやカフェなどを訪ねる。

旅の内容を話し、「この辺りにいい感じの箸袋を使っている飲食店はありませんか」と尋ねるが、「うーん、わからないなぁ」「気にしてなかったな」「高級料亭にいけばあるんじゃない？」……なかなか有力な情報を得ることができなかった。

しばらく探索を続けていると、繁華街から少し離れた路地に、富士山の絵が描かれた箸袋を使っている焼き鳥屋さんを発見。他のお客さんがいない時に話をしたかったので、開店直後をみはからって一番乗りで店に入った。

「いらっしゃい」

店主らしき人が迎えてくれる。五席ほどのカウンターとテーブルがいくつかの、こじんまりとしたお店だった。カウンターに座り、焼き鳥を数本注文。メニュー表と一緒に店主の自作新聞があったり、アットホームな雰囲気が漂っていた。その新聞から、やっぱりこの人が店主だとわかり、新聞のことやこの町のことなど話をする。

しばらくして、ここなら協力してくれるかもしれないと感じたので、本題を持ちかけてみる。すると、店主の顔が急に険しくなった。しばらく黙った後、「趣旨がわからない」と一言。

もういちど自分の考えを説明してみたが、「言いたいことはわかるけど、趣旨がわからない」と答えは変わらなかった。「失礼ですけど、あなたは普段何をされているんですか？」と店主。かなり不審に思われたのだろう。結局しばらく話は聞いてもらえたものの、「うちではそういうのつくる人はいないです」ということだった。

ここもダメだったか……。残念だけど、仕方ない。残りの焼き鳥を食べていると、「早く他のお店に行ったほうがいいんじゃない？　お代はいらないから」と言われる。え、そんなわけにはいかない。「払います」と言っても「いらない」と返される。びっくりして、最初こそありがたく思っていたが、あとから考えるとあれは「早く出て行け」というサインだったのだろう。ぎゅーと胸が締め付けられた。ありがとうございました。ごちそうさまでした。足早に店を後にする。「よし、もういっちょ！」と気合いを入れ直し、次なる店を探す……。

十二月十日（土）晴れ

旅を始めて二三八日目。三十三番目の香川県・高松市に来ていた。まず向かったのは、山梨で出会った本屋さんに紹介してもらった完全予約制の本屋さん。電話をして、開けてもらえることになった。商店街の路地を入り、本当にここ？という入口に驚きつつもおじゃまする。

奥で黙々と作業をなさっている店主に話しかけると、

「おぉ、石垣さんの紹介で。またなんで香川に？」

旅の目的を聞いてもらい、この辺りの事情について尋ねた。

「箸袋？　よく行く店ですら意識して見てなかったなあ。箸袋のことなんて考えたこともなかった」

店主は本屋さんだけでなく、地域雑誌にコーナーをもっていて様々な場所に取材に行ったり町の地図を作ったりと、地域のことにとても詳しい方。しかし箸袋情報まではさすがに……という感じだった。

しばらく話していると、「あの人なら知ってるかもしれない」と店を飛び出し、〝町のドン〟がいるという雑貨店に案内してくださることになった。しかし、残念ながら留守。よくあることらしい。

「そしたら箸袋にはぜんぜん詳しくなさそうなほうの雑貨屋へ行ってみるか」ということで、もう一軒案内してくださることに。

「この人、箸袋をめぐって日本全国旅してるんやって。この辺りの箸袋情報ったって、俺には手に負えへん」と紹介してもらった。お店の方も常連さんも唖然……。

「え？　なんで？　なんでそんなことしてるん？」

常連さんや、たまたま新潟から来ているという方もすごく楽しんで話を聞いてくださった。そして、いざ箸袋情報を！　ということでみんなで探してくださることに。

「向かいの店は使ってたかもな」と一緒に挨拶に行ってくれたり、「あの店主はおもしろがってくれそう」と電話をかけてくださったり……。

＊　＊　＊

自分のやりたいことはなんなのか、いろいろな人に出会うたびに、様々な会話があるたびに、一人悶々と考えることも多かった。しかし旅の目的は、

「箸袋を何気なく変形させてしまう日本人の癖、その面白さを伝えたい。そして、もともと単なる手慰みのようなものから、見方を変えることでとても楽しいものになるということ、その喜び、驚きを共有したい」ということ。

人それぞれの反応も知りたかったし、それは旅中ずっと変わらなかった。面白くないと思う人もいるだろうし、気持ちをわかってくれる人もいるだろう。

「それをして何になるの?」「飽きない?」「無駄だ」そんなふうに言われることもあった。ただ、今ならちゃんと答えることができる。地道でもたくさんの人と出会い、話し、一緒に探してもらったり、一緒に集めてもらったりすることで、想像もつかない出来事がたくさん起こった。そしてそれは、多様な人が関われば関わるほど、面白いことになるということ。

この旅を通じて苦労や苦悩はいっぱいあったはずだけれど、不思議なことにその記憶はほとんどない。それ以上にたくさんの人に助けていただいた。それに尽きるのである。そして、人と人との「出会い」や「つながり」というものの力を、まざまざと感じることができた。

これからもたくさんの人と気持ちを共有するチャンスをもらえるなら、そんな幸せなことはない。

ジャパニーズチップ展　約八〇〇〇点
二〇一七年十一月二十八日～十二月十日　3331Arts Chiyoda　Photo: YASAKA Mariko

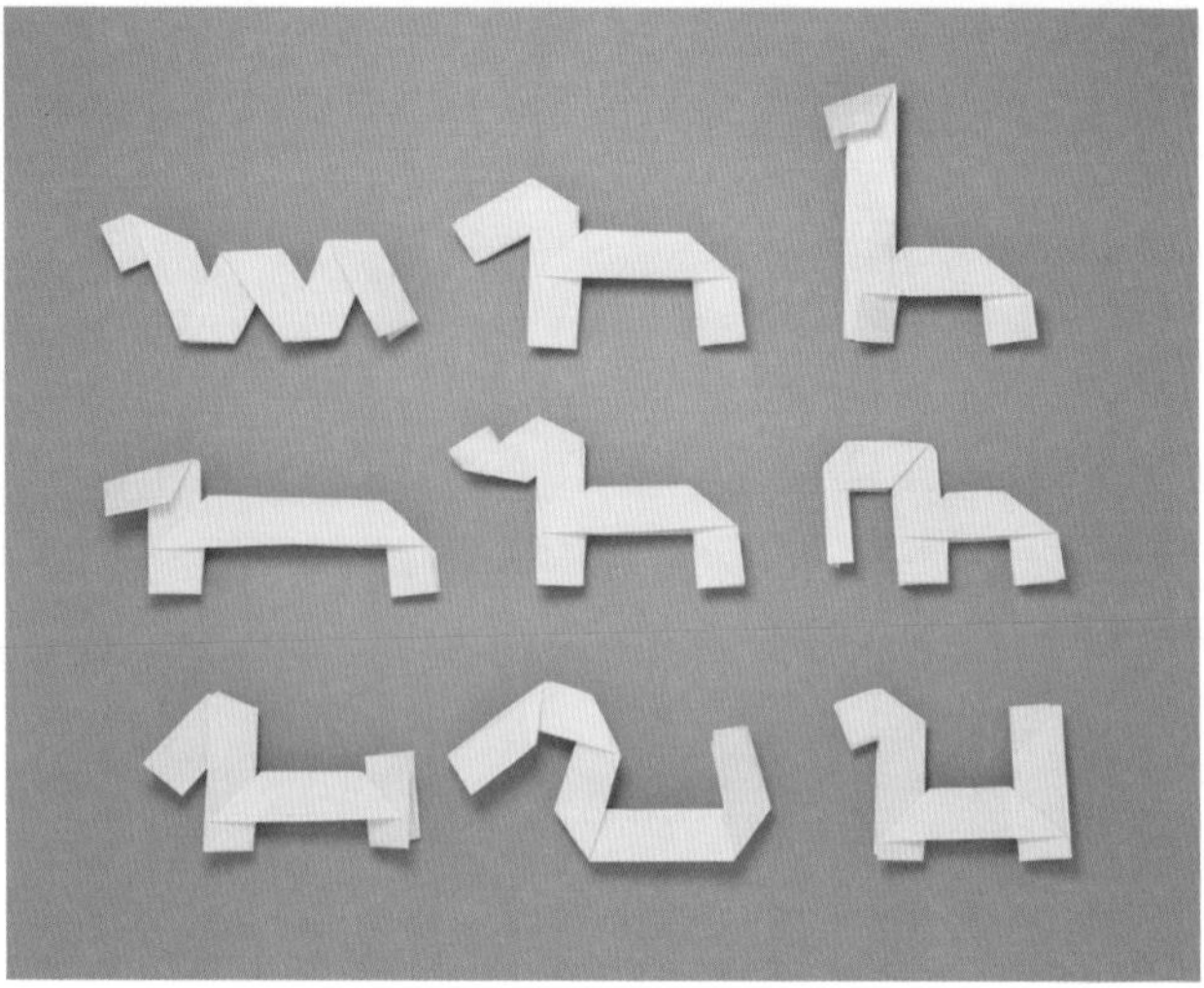

試しに折ってみよう！

箸袋といっても、いろんな形や種類がある。

ここで紹介するのは、よくお店で見かける「長い箸袋」と「短い箸袋」どちらでも同じようにつくることができるし、裏表どちらでも問題ない。

Instructions

Long-sized or short-sized chopstick sleeves can be used.
Use either the front-side or reverse-side of the paper.

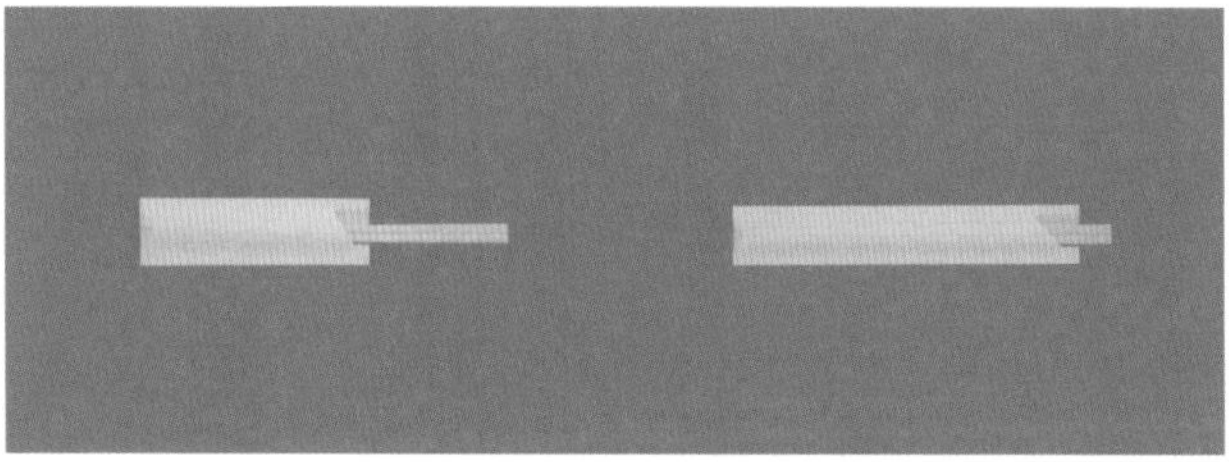

エビフライ FRIED SHRIMP

複雑そうに見えて、こんなに簡単にできるとは。
箸置きにもなる便利なやつ。

1.

箸を入れたまま箸袋を立て、指で箸の側面をはさむように持つ。

Hold the chopsticks with the sleeve still on.

2.

箸に沿って紙を一気に下までくしゃくしゃっと下ろす。

Push the paper sleeve down to the bottom.

3.

箸を抜き取る。

Remove the chopsticks.

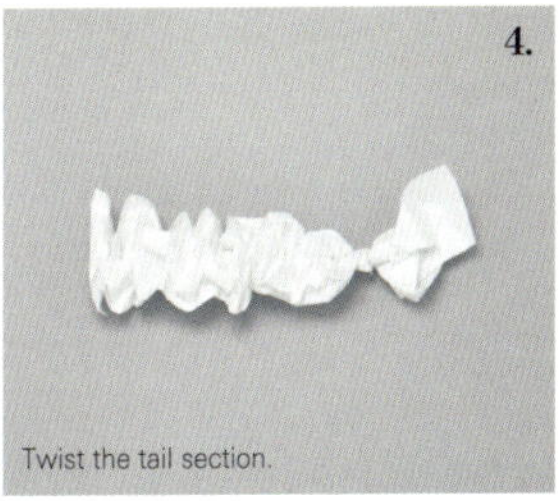

4.

しっぽとなる部分をねじる。

Twist the tail section.

5.

しっぽを真ん中で少し割いて、形を整えたらできあがり！

Tear the tail by hand.
Adjust the shape.
Finished!

動物たち ANIMAL　このつくりかたなら、どんな動物でもできそうだ。

● 使用する折図記号と基本の折り方 ●

Symbols and Basic Folds

「山折り線」
Mountain fold (dashed-dotted line)

「中割り折り」 Inside reverse fold

折りすじをつける。

Make a crease as shown.

紙の先を内側に入れるように折る。

Push the point between the layers and fold in.

できあがり。

Finished!

● 準備 ● PREPARATION

箸を抜き取り「長い箸袋」は半分に、「短い箸袋」はさらに半分に折る。

「長い箸袋」

Long chopstick sleeve → Fold in half.

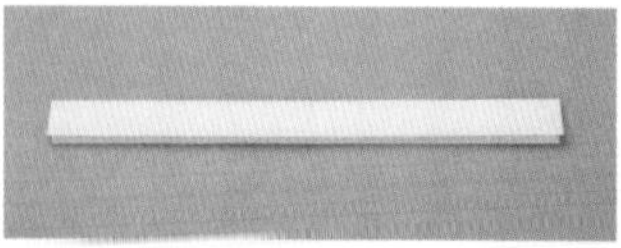

「短い箸袋」

Short chopstick sleeve → Fold in half.

Fold in half.

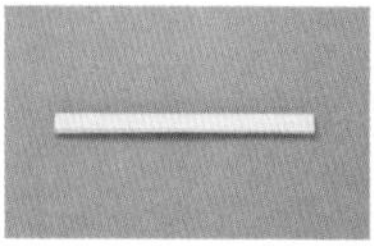

● ウマ ● HORSE

足となる部分を「中割り折り」。

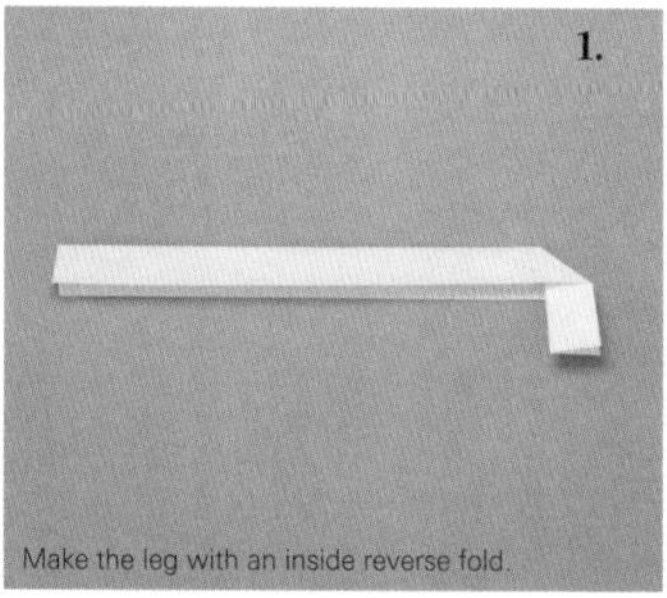
1.
Make the leg with an inside reverse fold.

胴体となる部分をある程度残し「中割り折り」。

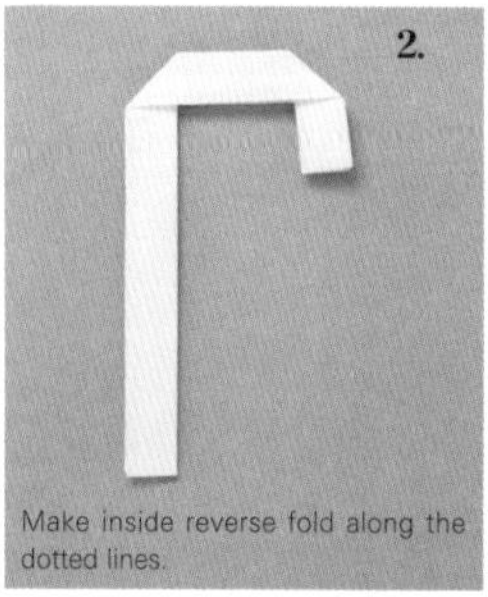
2.
Make inside reverse fold along the dotted lines.

持ち上げるように「中割り折り」。
ポイント：先に折った足と同じ長さになるように。

3.
Make inside reverse fold along the dotted lines.

頭となる部分を「中割り折り」。
できあがり！
ポイント：足と胴体と首の長さのバランス。

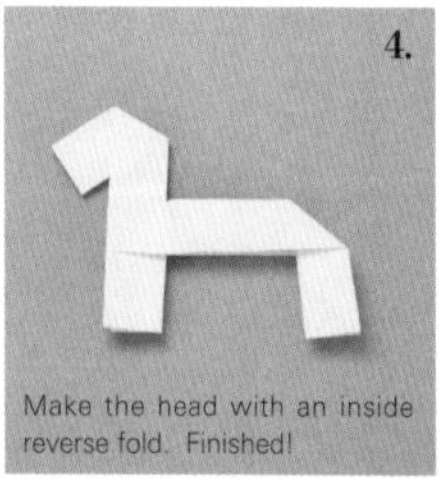
4.
Make the head with an inside reverse fold. Finished!

▼ウマの応用（4まで基本の折り方はウマと同じ）Advanced Versions (Step 1 - 4 are the same as the horse)

• キリン • GIRAFFE

足と胴体を短く、首を長く折る。

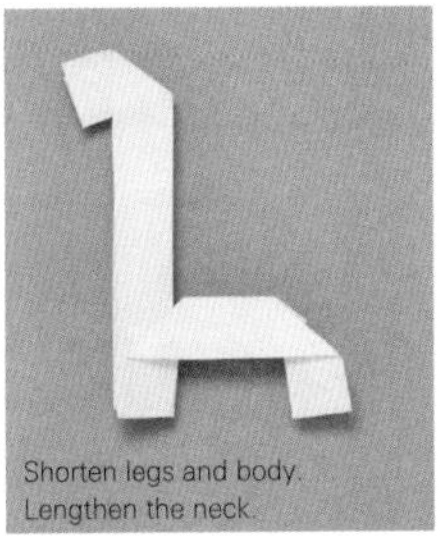
Shorten legs and body.
Lengthen the neck.

頭をかぶせるように折り、
できあがり！

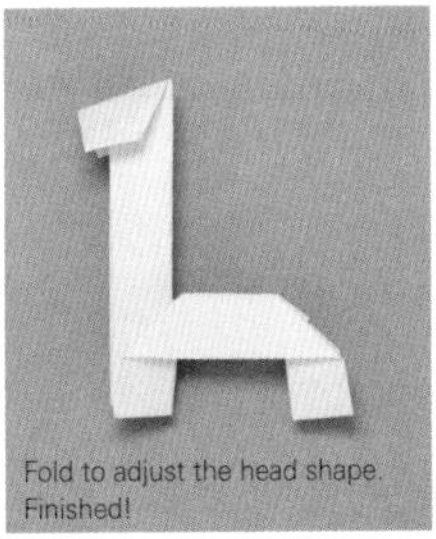
Fold to adjust the head shape.
Finished!

• ダックスフンド • DACHSHUND

足を短く、
胴体を長く折る。

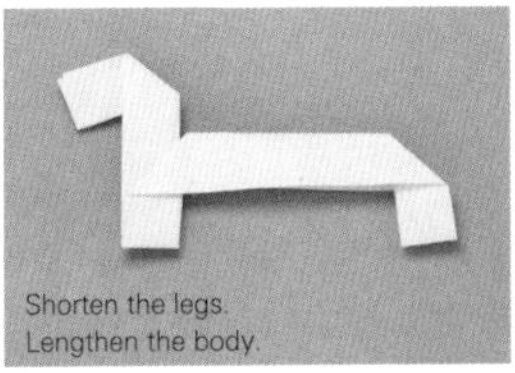
Shorten the legs.
Lengthen the body.

頭をかぶせるように折る。
できあがり！

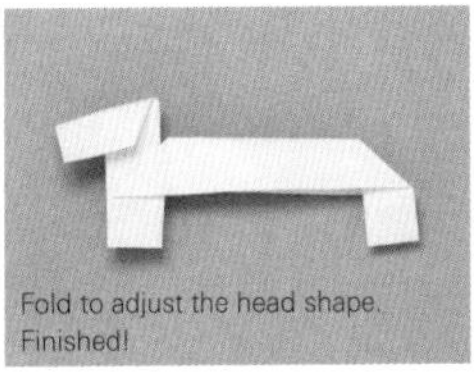
Fold to adjust the head shape.
Finished!

• ゾウ • ELEPHANT

足と胴体を短く、
顔を長く折る。

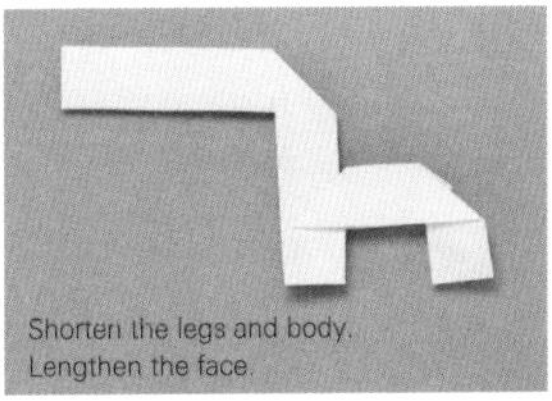
Shorten the legs and body.
Lengthen the face.

頭をかぶせるように折る。

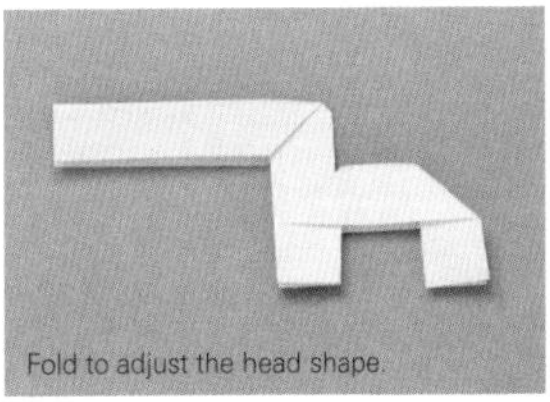
Fold to adjust the head shape.

鼻となる部分を
「中割り折り」。

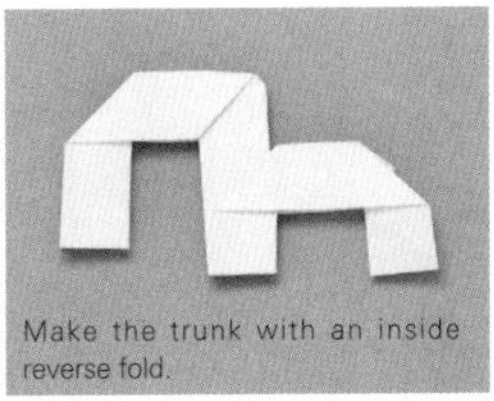
Make the trunk with an inside reverse fold.

鼻を半分に折って
できあがり！

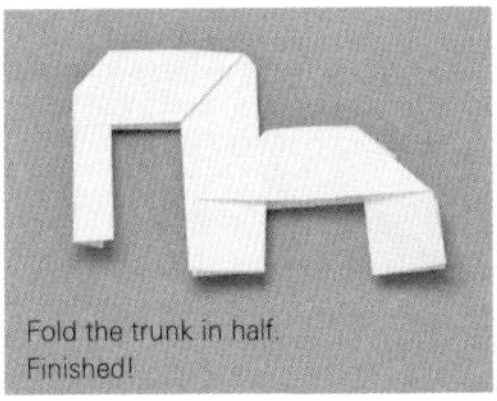
Fold the trunk in half.
Finished!

協力店一覧

ジャパニーズ・チップを一緒に集めてくださった全国の飲食店。
あたたかくて素敵なお店がいっぱい。（順不同）

【北海道】焼肉亭サム／小樽 Muse
【青森県】ハピたのかふぇ／蔵八
【岩手県】みししっぴ饂飩／ゆ家 菜園本舗
【宮城県】すゞき／鉄板です WHITE／白雪
【秋田県】ガーデンカフェ&デリカ kimoto／鳥料理とぶ／食彩げんべい
【山形県】居酒屋大山／おかめ食堂
【福島県】そばさだ／信夫山文庫
【茨城県】手打そば にのまえ／eat.Livin'_lab ANTENNA／萬福
【栃木県】Cafe Mashiko-Bito／焼きそば ばそき家鶴田店・岡本店／いかり／湯荘 白樺／喜楽食堂
【群馬県】俺のそば／きむら亭／居酒屋味来／新洋亭／浜昭／パーラーレストランモモヤ
【埼玉県】焼肉たてがみ／宝来鮨／大國鮨／PNB-1253／シネマかふぇ七ツ梅結ぃ房。
【千葉県】とわんち／ちゃばたけ／BAR VILLA／鮮魚居酒屋 Kingyo
【東京都】酒ト飯 イイダ／らーめん紋郎／更科丸屋／鳥泉
【神奈川県】ごはん屋 幸太郎／とんかつパリー／釣游亭／クーカイ
【新潟県】呑みランテ きらり 輝／居酒屋まんぜん／越後へぎそば処 粋や
【富山県】One plate／あんしんごはん／酒蔵盛盛／魚々座／イタリアンキッチン オリーブ／呑多喰
【石川県】ミッドナイトキッチン ZOO／タマリバかんすけ／元氣 源右ェ門
【福井県】旬ふく食彩よしな／だいこん舎／朝倉の里 利休庵／お食事処しもむら
【山梨県】ぱんじゃ／Jewels & Things／村松物産店／ふぐの富久亭／仁田平マルシェ／カフェ明治学校
【長野県】OKINAWA KITCHEN／そば処岳家／NABO／来夢来人／きっちょんちょん
【岐阜県】楽房 洋 HIRO／然の膳 関店／大福屋
【静岡県】串かつクシゾー／手打ち蕎麦 naru

【愛知県】お寺／あったかキッチン まあるいおさら／やんBAR／カフェ&キッチン タツミ
【三重県】民芸日本料理 まっさん／こはなカフェ／茶房 河崎蔵／グリーン&グリーン
【滋賀県】すいらん／長治庵
【京都府】盛華亭／町家cafe ろじうさぎ／キッチンパパ
【大阪府】あそこ／御食事処きんぐ／金殿ドーム マルナカ酒販／麺匠慶次／割烹森恒
【兵庫県】へっついさん／大衆酒蔵 ひょっとこおかめ／& Mitsuko／香美園／喫茶もんとる／knut cafe
【奈良県】焼鳥 望月／しゃぶしゃぶ松山／おてんがら／喫茶・お食事 里／和喰／吟酒遊膳庵 厨
【和歌山県】海岸通り／ごはんとお酒 咲吉／THIRD CAFE／かえりみちのブルー珈琲
【鳥取県】居酒屋あいうえお／八百屋bar ものがたり／HOME8823／おうちカフェ しぇ・あん
【島根県】たこ初食堂／蔵庭 ー KURANIWA／Cafe & Rest FAVORI／居酒屋郷／Room+／お泊り処なかむら 紺屋／スナック四季／龍鳳
【岡山県】焼肉 千屋牛（JAあしん）／このゆびとまれ／Sleep Smooth／björn
【広島県】ドバイー／寿司金／ドライブイン灘／紫苑
【山口県】たぬき／佐々木書店 BOOK CAFE／海鮮長州 湯田店／coen.
【徳島県】totto79／桃華／うまいんじょ処 魚や
【香川県】喫茶ヤオ／高松くるみ本店／Ben の台所／グリル山／六ろく
【愛媛県】茶房 ひょん／ゆう源／次男坊寿司／キッチンエム
【高知県】ゆず庵／東風／がしら亭
【福岡県】なかよしこよし／夢の蔵／湖月のカレー あんみ／焼鳥大福
【佐賀県】割烹 中央／麺屋 Yokohama／夜のあんこ屋 よなよな
【長崎県】いとうレストラン／CAFE HOOMEE／海音寿し／きっちんせいじ／からすみ茶屋 なつくら
【熊本県】花鼓／料理旅館 つるや／ごはんや ALii Drive／Relaxation Cafe TAO／蛇の目寿し
【大分県】食堂研究所／とら吉／Yadokari cafe
【宮崎県】旬の酒肴処 岩戸／ひで丸／ギャラリーこだま
【鹿児島県】Gouter／座・寿鈴／霧島峠茶屋
【沖縄県】torico／ゆの家

あとがき

今日もどこかでつくられている箸袋の造作物。これはいったいなんなのか。よくわからないものもあるし、すごく精巧なものもある。誰がつくったのかもわからないけど、つくった人や、つくられた時間を想像する。わからないから想像する。

「これはクジラ?」、「いえノコギリザメです」、「じゃーこれはなんですか?」

本をつくるにあたり、お世話になったデザイナーの小平さんと、編集の大嶺さんとの掛け合いもすごく楽しいものだった。正解はつくった人しか知らないし、つくった本人さえもなにかわからずに机に残していったかもしれない。回収してくれた店員さんと私の分類の仕方は違うかもしれない。○○かもしれない、を考えるのはとても面白い。

ものの見方を変えるだけで、毎日が愉快になることがある。そして、この本がそんな日常の楽しみを一つでも増やすたよりとなれば、本当に幸福なことだ。

最後になりましたが、この活動はたくさんの人に協力してもらわないとできないものでした。みなさんに見ていただけるものになるまで約六年。学生の頃の些細な発見を一緒になって考えてくださった酒井洋輔先生。応援してくれた友人たち、家族。クラウドファンディングで旅の資金を応援してくださった皆様。笑顔で送り出してくださった隠岐・海士町の皆様。旅で出会い、助けてくださった方々。協力してくださったお店の店員さん、お客さん。展覧会を一緒につくってくれた友人。協賛、協力、後援賜りました皆様。帯に言葉をくださった山口信博さん。そして、本をつくるにあたり、小平麻衣子さんには大変なご注力をいただきました。この場を借りて厚く御礼申し上げます。

二〇一八年七月

辰巳雄基

参考文献

『箸の本』 本田 総一郎 著　柴田書店（1978/5）
『箸の文化史－世界の箸・日本の箸』 一色 八郎 著　御茶の水書房（1998/8）
『箸の作法』 奥田 和子 著　同時代社（2013/6）
『すぐわかる日本の伝統文様－名品で楽しむ文様の文化』 並木 誠士 著　東京美術（2006/3）
『ビィジュアル＜もの＞と日本人の文化誌』 秋山 忠弥 著　雄山閣出版（1997/11）
『紙と日本文化』 町田 誠之 著　日本放送出版協会（1989/11）
『日本の折形－伝統を受け継ぐ型約七十点を掲載した包み方の手引き－』 山根 一城 著　誠文堂新光社（2009/10）
『復刻伊勢貞丈「包結記」』 荒木 真喜雄 著　淡交社（2003/3）
『折る、贈る。』 折形デザイン研究所 著　ラトルズ（2003/11）
『折形デザイン研究所の新・包結図説－つつむ・むすぶ・おくる』 折形デザイン研究所 著　折形デザイン研究所（2009/11）
『愛と経済のロゴス－カイエ・ソバージョ（３）』 中沢 新一 著　講談社（2003/1）
『日本大百科全書』 小学館（1994/1）
『改訂新版 世界大百科事典』 平凡社（2007/12）
『イギリス人 カルチャーショック１０』 テリー・タン 著　河出書房新社（2000/4）
『アメリカ風俗・慣習・伝統事典』 タッド・トレジャ 著　北星堂書店（1992/3）
『チップものがたり』 水野 正夫 著　主婦の友社（1980/10）
『楽しい交際術－国際人のエチケットとマナー』 フランシス・ベントン 著　毎日新聞社（1978/4）
『地球の歩き方　旅マニュアル４１０（旅のチップ速修ガイド）』「地球の歩き方」編集室　ダイヤモンド・ビッグ社（1993/1）

その他、多数の参考文献、関係書、雑誌等を参考にさせていただきました。ありがとうございました。本書に掲載した店名などの情報は、主に2017年10月までに集めたものに基づいて編集しており、変更されている場合がございます。

箸袋《はしぶくろ》でジャパニーズ・チップ！
――テーブルのうえで見つけたいろんな形

二〇一八年九月九日　初版第一刷発行

著者　辰巳雄基
装幀・レイアウト・編集　小平麻衣子
挿画　杉山義治（一〇～一一頁）
協力　中田拳太
　南竜司
　箸袋趣味の会・秋月俊也
　山口信博（折形デザイン研究所）
　ゆこむろ
翻訳　Nicola Jones-Kuchimura
編集　大嶺洋子
発行人　孫家邦
発行所　株式会社リトルモア
〒一五一－〇〇五一　東京都渋谷区千駄ヶ谷三－五六－六
電話：〇三（三四〇一）一〇四二
ファックス：〇三（三四〇一）一〇五二
http://www.littlemore.co.jp/
印刷・製本所　株式会社東京印書館

乱丁、落丁本は送料小社負担にてお取り替えいたします。
本書の内容を無断で複写・複製・引用・データ配信などすることはかたくお断りいたします。
Printed in Japan
©2018 YUKI TATSUMI/Littlemore Co.,Ltd.

ISBN978-4-89815-480-9
本書は二〇一七年に刊行された私家版『ジャパニーズチップ　テーブルの上で見つけた日本人のカタチ』の新装改訂版です。